星野道夫著作集 *1*

新潮社

星野道夫著作集１　目次

星野道夫著作集

1

アラスカ　光と風

シシュマレフ村

Ⅰ　一九七一年

十八歳のころだったと思う。北方の自然への興味がどうしようもなく募っていた。なぜなのかはわからない。説明のつかない恋心のようなものだったのだろう。シベリアでもアラスカでも、北海道でもよかったのかもしれない。子どもが夢を託すような、漠然とした北の世界への憧れだった。

大学にはいり、信州を旅していた夏。以前、高校生のころ、夏の一時期をすごしたことのある農家を訪ねていたときのことだ。

夕食の前に新聞を読んでいた。見ているうちにアラスカの地図が描かれているのに気がついた。それがなんだったのか、今ではわからない。覚えているのは、地図全体が動物、鳥、そしてアラスカの人々（エスキモーかインディアンであろう）の絵で埋められていたことだ。自分の捜している世界が、その地図の中に集約されていた。行ってみたいと思った。かすかなアラスカの風を感じた。いつかこの土地とかかわりをもつことになるだろうという予感があった。

　漠然とした北方への憧れが、アラスカというはっきりした形として目の前に現れはじめた。アラスカに関する資料を少しずつ集めるようになった。そのころ、アメリカのナショナル・ジオグラフィック・ソサエティから出されたアラスカの本があった。神田の古本屋街の、洋書専門店で見つけた本である。ぼくは、次のページの写真がめくる前にわかるほど、この本を読みつくしていた。

　一枚の写真がいつのころからか気にかかっていた。本を開くたびに、このページをめくらないと気がすまない。アラスカ北極圏にある、小さなエスキモーの村の空撮の写真だった。キャプションに、Shishmaref という村の名前が書かれている。ベーリング海と北極海がぶつかる海域に浮かぶ小さな島で、夕陽が海に沈もうとするところを逆光で撮ったいい写真だった。どうしてここに人間の生活があるのだろう。そんな思いをおこさせる、まさに荒涼とした風景だった。

　この村を訪ねてみたいと思った。普通の地図では見つけることができず、やっと詳細なアラスカ専門の地図の中に Shishmaref という名前を見つけた。しかし訪ねようにも方法がわからない。手紙を書こうにも住所がわからない。そもそもだれも知らないのだ。辞書で調べると、代表者というような意味の mayor という単語が見つかった。これでいこう。

Mayor
Shishmaref
Alaska

手紙の内容はこんなふうに書いた。

「ぼくは日本の学生で、ホシノ・ミチオといいます。本の中であなたの村の写真を見ました。村の生活にとても興味があります。とても訪ねたいと思っているのですが、だれも知りません。仕事はなんでもしますので、どこかの家においてもらえないでしょうか。返事を待っています」

よくこんな手紙を書いたものだ。しかし、ともかく行きたかった。違う世界で生きている人々の生活が見たかった。どんなものを食べ、どんな暮らしをしているのか。写真の中で見た、あんな荒涼とした世界でどうして人間の生活が営めるのか。自分がこれまで生きてきた世界の価値観、それを崩してくれる何かが見つけられるのではないか。

とても返事が来ることはないだろうと思いながらも、シシュマレフ村のほかに、北極海沿岸のなるべく小さなエスキモーの村を六つほど選び、同じ内容の手紙を書いた。きっと手紙は届かないだろう。案の定、半分以上の手紙が宛先不明のまま送り返されてきた。なんの返事もないまま、ぼくは手紙を出したことさえ忘れかけていた。

半年が過ぎたある春の日、郵便受けに外国郵便の封筒を見つけた。名前を見ると、

Clifford Weyiouanna
Shishmaref
Alaska 99772

と書かれている。七通出した手紙のうち、一通だけ返事が返ってきたのだ。それもいちばん行きたかったシシュマレフ村から。はやる気持ちをおさえて封筒を開いた。簡単な手紙だった。

「返事が遅れてしまいごめんなさい。夏に来るとよいでしょう。……来られる日がわかったら知らせてください。あなた、私の家にいっしょに住むことができます」

遠い北の国アラスカが、自分の手の中にはいってきたような気がした。

一九七一年六月、アンカレジでぼくははじめてアラスカの土を踏み、そのままエスキモーの村、ノームに飛んだ。窓に顔をつけ、眼下に横たわるアラスカの大地を飽きることなくみつめていた。マッキンレー山を主峰とするアラスカ山脈が、大地の皺のように盛りあがっている。標高六一九四メートル、北アメリカの最高峰なのに、ちっとも大きさを感じさせない。まわりのスケールが大きすぎるのだ。そしてどこまでも広がるタイガ（北方針葉樹林）と、その中を自由に蛇行しながら流れる極北の川。見ているだけで旅することができた。……あの川を下っていったらどうだろう。キャンプをどこでしよう。あの蛇行したあたりの川原が良さそうだ。そこから広がる針葉樹林にはいっていったら、憧れの大鹿、ムースに出会うことができるだろうか。……想像の中で旅をしてゆくと、もうきりがなかった。アラスカの土地には、そんな想像をかきたてる何かがあった。やはり、桁違いの大地の広がりと、未踏の匂いからくるものだろうか。

さらに北へ飛ぶにつれ、タイガは次第に消えてゆき、木も何もないツンドラ地帯に変わっていった。これまでよりずっと大きな川が、断固として大地を切り刻んでいる。ユーコン河だ。アラスカの本当の大きさは、空から見ないとわからない。まるでアラスカの地理を学んでいるような飛行だ。この土地の大部分は、人間が近づくことを容易には許さないのだということを教えていた。

飛行機は北極圏のエスキモーの村、コッツビューを経てノームに着いた。ここで小さな郵便飛行機に乗りかえ、さらに北のシシュマレフ村へ向かった。こんな小さな飛行機に乗るのははじめてだ。つい二日前まで東京にいた自分が、今、あれほど訪ねてみたかった村に向かっていることが、実感としてなかなかつかめない。やがてベーリング海が見えてきた。シシュマレフ村はもうすぐだ。

神田の古本屋で買った一冊のアラスカの本、その中でわけもなく自分をひきつけた一枚の空撮の写真がぼくの一通の手紙によって結びつこうとしている。やはり不思議だった。シシュマレフ村は砂州のような本当に小さな島だった。どうしてここに人が住まなければならないのだろう。窓から見おろしながら、はじめて本で見たときと同じことを考えていた。何度も何度も眺めた本の中の写真が、今、自分の視野の中にあった。浜辺に打ちよせるベーリング海の波。点のように見える村の人々。それらが動いていた。感動で、ぼくはどうしていいかわからなかった。

郵便機は村はずれのストリップ（滑走路）に無事ランディングした。村の人々がそこらじゅうから集まってきた。いったいどうしたというのだろう。子どもたちもおおぜい走ってくる。ドアを開けて外に出ると海の匂いがした。

手紙をくれたクリフォードはぼくが捜すまでもなく、ニコニコしながら近づいてきてくれた。

「ミチオ？」

「イエス、イエス」

英語もろくに話せないぼくは、握手をしながら返事をくれたことへのお礼をなんとか伝えた。眼鏡をかけたクリフォードは、笑うと顔全体がその形を変え、人なつこそうな眼がその奥にあった。遠いはるかな民、エスキモーは、なんらぼくたちの顔と変わりがなかった。わかっていたことなのに新鮮な驚きだった。

集まってきた村人たちは、郵便機からの荷おろしを手伝ってくれ、ときどき、手を休めては、自分の名前を言いながら握手を求めてくる。ぼくはきっとこの村が好きになるだろう。

クリフォードの家は大家族で、家族構成は彼を家長にして次のようなものであった。

アレックス（クリフォードの父親）
アルスィ（クリフォードの母親）
クリフォード（三十六歳）
シュアリィ（奥さん）
ティナ（三歳）
ジョンボーイ（生後二日）
スタンレー（十六歳）
ケイト（十六歳）
ローリー（十四歳）
（スタンレー、ケイト、ローリー）アレックスとアルスィの養子、つまりクリフォードとは兄弟になる。

そしてもう一人、クリフォードの子どもから見るとグランド・グランド・マザーに当たる人がまだ生きていた。彼女の名前はウギという。

家にはいり、老婆に会った。動物の毛皮をまとい、顔にタトゥー（入れ墨）をした老婆は、エスキモーがエスキモー以外の何者でもない、最後の時代の人だった。ウギが現在、いったい何歳なのかは、家族のだれも知らなかった。彼女自身も覚えていないという。クリフォードの話だと、きっと九十は越えているだろうとのことだ。すでに話すこともうまくできず、ベッドの上に横たわっているだけだ。一種、近づきがたい雰囲気があった。ぼくは日本から持ってきた、おみやげのマフラーを手渡した。老婆はぼくを見て少しほほえんだような気がした。何かほっとした気になった。

顔の入れ墨はじつに印象的だった。北アメリカでは、昔、アラスカの原住民だけがしていたものだ。縫い入れ墨という手法で、針穴に色素を含ませた糸や筋を通し、顎や頬にデッサンを縫ってゆくものである。入れ墨をした老婆の顔は皺だらけで、長い時代を生きぬいてきた顔だ。ウギは何も語らない。けれども、それがかえってさまざまなことを語りかけているような気がした。ウギの周囲には時間を超越した不思議な空気が漂っているようだ。

家の中には、強烈な匂いがしみこんでいた。アザラシ、カリブー、魚の干し肉や、毛皮などの匂いが渾然一体となったものだ。匂い、これこそ、ぼくの最初のアラスカ体験だった。この旅のことを思い出すたびにまずよみがえってくるのは、さまざまな出来事より何よりもこの匂いだった。

ぼくの好きな本、『デルスウ・ウザーラ』の中にこんなくだりがある。著者のアルセーニエフは、ロシアにまだ白地図の地域があったころの探検家であり、長い間、地図を作るためにタイガを旅していた。毎日の体験の中で不思議に思ったこと、それは人間の記憶というものだという。夜眠る前に、まる一日のいろいろな印象、さまざまに異なる現象、いたるところで目にはいった物体の中から、ある一つのもの、それもたいして重要でなく、偶発的なもの、第二義的なものが、ほかのあらゆるものよりも強烈に思い出されるという。ぼくの場合、それが匂いだった。しかし、いっしょの生活が長くなるにつれ、この最初に感じた強烈な匂いも、ぼくの意識の中からは消えていった。おそらく、自分の体の中にもこの匂いはしみついていったのだろう。

時間が大いにずれるが、日本に帰り何年も経ったある日、この匂いに、突然出くわしたことがある。その日、ぼくは早朝の総武線の電車に乗った。毎朝、ある時刻のこの線の電車は、全車両がいわゆる「千葉のおばさん」でいっぱいになる。千葉でとれた野菜や魚を、山のような籠にかついで毎日、東京に売りにゆくおばさんたちだ。たまたまぼくはこの電車に乗り合わせたのだ。ドアが開いてはいったとたん、たまらなく懐かしいものがよみがえってきた。が、それがなんなのか、すぐにはわからなかった。車両の中に充満するさまざまな魚の干物の匂いからくる懐かしさなのだが、記憶の糸になかなか結びつかない。しばらくしてやっと気がついた。はじめてクリフォードの家に入ったときの匂いと同じものだ、と。匂いの記憶というのはまったくおもしろいものだ。

浜辺に出ると、クリフォードの母親アルスィがアザラシの解体をしていた。ウグルックと呼ばれるアゴヒゲアザラシだ。アザラシ漁の季節はすでに終わり、あとは女たちの仕事として受けつがれる。浜辺にはアルスィだけでなく、おおぜいの女たちがあちこちで同じ仕事に追われていた。ぼくは陽気で働き者のアルスィが大好きだ。アルスィは、働かずにはいられないと思わせるほど、本当に一日じゅう、体を動かしているお母さんなのだ。もう六十に手が届く年ごろだろう。この村ですごした夏の間、天気の良い日に、浜辺で働くアルスィのそばに座ってすごした時間は、なんと生き生きとして楽しい時間だったことだろう。

ベーリング海から吹きよせる微風が心地よかった。この海が、すぐ先で北極海につながっているのだということも、あまり実感がもてなかった。

おしゃべりをしながらも、けっしてアルスィは手を休めない。ウルという、扇形をしたエスキモー伝統のナイフを使い、巧みにアザラシを解体してゆく作業は見ていて少しも飽きなかった。ぼくはアザラシの干し肉を口の中で噛みながら、ちょっと恥ずかしがり屋で、それでいて話し好きなアルスィとおしゃべりを楽しむ。

ある日、見ているうちにどうしてもウルを使ってアザラシの解体をやってみたくなった。

「アルスィ、手伝ってあげようか。一度、そのウルを使ってみたいんだ」

アルスィは笑いながら、アザラシの脂でベトベトになったウルを渡してくれた。柄をもって、ブラッバーと呼ばれる脂肪の部分を切っていった。ひどく切れ味がいい。ウルの長所は、柄の部分が全体の刃の上部にあるため、体重をかけた力を入れられることだろう。おもしろいように切れてゆく。ふと気がつくと、そばで働いていたほかの女たちが、腹をかかえてキャッキャッといって笑っている。いったい何がおかしいのだろう。あとでわかったところによると、これは断じて女の仕事であり、ウルを使う男など見たことがないからであった。

海は海岸エスキモーにとって、さまざまな食べ物を授けてくれる豊饒の世界だ。海洋動物中、いくつかの種類のアザラシ、そしてシロイルカがその中心だろう。中でも、三百キロにもたっするアゴヒゲアザラシは、海岸エスキモーの生活と切りはなすことのできない動物である。その皮は、ボートのカバー、食料の貯蔵袋、衣類をはじめ、いろいろな用途に利用されている。また、食料としての肉だけでなく、脂肪はポークと呼ばれる、中をくりぬいた袋状のアザラシの皮の中で自己精製されて溶け、エスキモーの生活の中で絶対欠かすことのできないシールオイルになる。もしエスキモーのアイデンティティを食べ物に求めるとすれば、シールオイルこそ、まさにそれに当たるだろう。

ただし、シールオイルは強烈な匂いをもっていて、匂いを嗅ぐだけで吐き気を催してくる。何かが腐ったような匂いなのだ。けれども、この味に慣れるとシールオイルなしではもの足りなくなってくる。エスキモーは、ほかの人間がシールオイルを食べても食べられなくても何も言わない。多くの場合、笑って見ているだけだ。しかし、これが食べられるかどうかで、彼らが無意識のうちに一線を引いているような感じを受けるときもあった。

海に囲まれたシシュマレフ村は、本当に猫の額ほどの島だ。島の東からは海を隔ててアラスカ本土を見ることができる。夕方、ベーリング海に沈もうとする夕陽はすばらしかった。(「沈もうとする」とは、実際には沈まず、その夕陽がそのまま朝日になって昇ってくるからだ。つまり夜がない)この時期、子どもたちにとって時間は意味をもたない。寝るときは、ただ疲れたときだけなのだ。午前二時ごろふと目を覚ますと、外で遊んでいる子どもたちの叫び声が聞こえてきたりしたものだ。

村の人口は約二百。日本から、自分たちとまったく同じような顔をしたのがやってきたというニュースはその日のうちに伝わったようだ。村の表通り(?)を歩いていると、だれからともなく話しかけられる。最初の二、三日で、ほとんどすべての村人に会ってしまったのではないだろうか。ともかくだれもがフレンドリーで、素朴な村だった。同じような顔つきをしているというのは、やはりある種の安心感をあたえるのだろう。中には、「エスキモーとの混血か?」とまじめに聞いてくる者もいた。アルスィでさえ、最後までぼくのことを日本から来たエスキモーボーイと呼んでいた。

忙しかった春のアザラシ漁が終わり、村の生活にはゆったりとした時間が流れていた。単調といってしまえばそれまでだが、ぼくの毎日はそれとはほど遠いものだった。こんな小さな島なのに、退屈するということがない。毎日だれかの家を訪ね、新しい食体験をした。

アザラシ、シロイルカ、カリブー、レインディア(トナカイの一種)、シーフィッシュなどなど、すべてがおいしかった。シールオイルに慣れると、肉につけて食べるようになった。日本人にとっての醬油のようなものなのだ。けれども、セイウチの肉だけはどうしても好きになれなかった。ある日、ごちそうがあるからと村人の家に呼ばれ、セイウチの生肉が出てきたことがある。ごちそうなのだから残すわけにはいかない。このときだけは、さすがにつらかった。

クリフォードの奥さん、シュアリィはぼくと同い年だった。彼女は明らかに新しい世代のエスキモーだ。「もしエスキモーの食事が食べられなかったら、パンやビスケットもあるから」と、いつもぼくのことを気づかってくれた。ぼくはというと、まったくの逆だったのだが。

三歳になったばかりの娘のティナは、じつにかわいらしい子どもだ。シュアリィは生まれたばかりのジョンボーイにかかりきりで、ティナのお守りはぼくがするようになってしまった。泣き虫のティナはいつもぼくを困らせたが、いつのまにかとても懐いてしまった。ティナの手を引きながら夕方の浜辺を歩いていると、ほかの子どもたちがみんな集まってきて、一大ツアーになってしまう。子どもたちにとって、ぼくはほかの世界から来た異星人のごときものだったのだろう。次から次へと質問攻めだ。

「名前はなんていうの？」

わかっているのに、必ずこの質問から始まる。

そのころは、写真を撮ることにはほとんど興味がなかったのに、ティナがあんまりかわいいので何回もシャッターを押してしまった。ある日の夕方、ぼくは子どもたちに日本の米を食べさせてやろうと思い、浜辺でご飯を炊いていた。子どもたちはまわりに集まり、今か今かと待ちかまえていた。あまり時間がかかるので、中には文句を言いだす奴までいる。もちろんティナもそのうちの一人だ。突然、沈もうとしていた太陽が雲間から現れ、光を受けた子どもたちの顔が真紅に染まった。ぼくはあわててカメラにレンズをつけ、ティナを撮った。（このときの一枚の写真が、今でもぼくはとても好きだ）だが、おいしく炊けたご飯は子どもたちにとっては味気ないらしく、まったくの不評に終わってしまった。

エスキモー語はむずかしかったが、毎日少しずつ覚えるようにした。とにかく発音しにくいのだ。はじめて覚えたセンテンスは、「カングオクトゥンガ（私はお腹がすいた）」。クリフォードやアレックス、アルスィ以上の年齢になると、自分たちの会話は完全にエスキモー語だ。ただし、ぼくと話すときは英語になる。ぼくは、簡単な言いまわしから覚えていった。

カングオクピッチン　　ごきげんいかがですか

ナクルーガ　　けっこうです

タクー　　ありがとう

アリガー　　おいしいなあ

アラパー　　寒い

子どもたちは、すでにエスキモー語から英語を使う世代に変わっている。アメリカ合衆国のとった、アラスカの少数民族（エスキモー、インディアン）に対する政策の結果なのである。だから、ウェイオワナ家の老婆ウギと子どもたちとの間では、当然、会話は成り立たないわけだ。

クリフォードの家は、やはりこの村の代表者としての仕事にたずさわっていた。外部との無線連絡、週一回、郵便飛行機が来たときの荷物の受け入れなど、すべてがこの家を通しておこなわれていた。仕事はクリフォードの父親であるアレックスが責任をもっておこなっている。もう六十近いアレックスだが、本当に元気に働いている。アレックスは歌が好きだ。毎晩のように歌っていた。そこに近所の歌好きのおばさんが加わると、もう大変である。ぼくもかりだされ、日本の歌をうたわされた。

働き者のアレックスは、体がうんと凝りやすいようだった。ある晩、ぼくは日本式のあんまをやってあげることにした。

「アレックス、横になってみないか。日本式のマッサージをしてあげるから」

はじめは疑心暗鬼の体《てい》だったアレックスだが、覚悟を決めて床に寝ころんだ。うつ伏せになったアレックスにまたがり、肩から背中にかけてぼくのあんまが始まった。後にこれが病みつきになってしまった。ぼくではなくて、アレックスがである。「こんな気持ちのいいものはない」というのだ。この夜を境に、ぼくはほとんど毎晩あんまをやらされる羽目になってしまった。しばらく経つと、アレックスの視線だけであんまの要請を読むことができるまでになった。これがアルスィにとっては逆だった。一度試したら、異常にくすぐったがり、最後まで逃げまわっていた。

アレックスとアルスィが養子として育てたケイトとローリーは年ごろの娘で、じつに仲が良く、いつもいっしょだった。特にケイトはきりっとした眼と長い黒髪をもったすてきな娘だった。エスキモーというより、インディアンに近い顔だちをしていた。

もうひとりの養子スタンレーはまだ十六歳だったが、クリフォードやアレックスを助け、もう一人前の男ぶりだった。少しやせぎすのようだが、力持ちで、静かに黙々と仕事をやる姿は、じつに好感のもてるものだった。エスキモーの社会で養子というケースがこんなに多いのはなぜなのだろう。

アザラシ漁が終わったあとの、のんびりと流れていた村の時間は終わりに近づいていた。レインディアの角切りの時期が迫っているのだ。半野生化したレインディアの群れが海を隔てたアラスカ本土の大地にいる。その前にまず、エスキモーとレインディアの飼育の歴史について語らなければならないだろう。

かつて白人がまだこの土地に来る前、アラスカのエスキモーはシベリアからレインディアを買い入れようと試みたことがあった。けれどもシベリアの人々は、アメリカへの、質のいいこのシカの生皮の輸出に依存していたため、その申し出を断っていた。アラスカには、貴重な食料源としてのカリブーがいる。しかし十九世紀の終わり、カリブーは北西アラスカからほとんど姿を消していた。カリブーの移動パターンが東に移ったのではないかとも推測された。原因が何にあるにせよ、カリブーがいなくなったことは北西アラスカのエスキモーにとって大きな打撃となった。一八九〇年、当時の宣教師シェルドン・ジャクソンにより、シベリアからレインディアを買い入れ、飼育するという試みがふたたび始まった。ラップランドの飼育方法も導入された。それがうまくいけば、カリブーの狩猟に頼っていたエスキモーの社会に安定をもたらすのではないかという目論見があった。レインディアの飼育は、食料としての肉だけでなく、エスキモーが貨幣経済の社会にはいってゆく糸口とするという目的もあった。一時は北西アラスカ一帯でレインディアの飼育が広まったが、今では、その一部が残っているにすぎない。そして今日では、食料としての肉のほかに、角を売ることによって得る現金収入が大きな経済基盤になっている。角は韓国を中心としたアジアの国々が買い、薬として使用される。そしてこの半野生化したレインディアの飼育こそがクリフォードの仕事なのだ。

レインディアを追いこむ柵は、海を渡ったアラスカ本土の海岸線にある。この近くにレインディアが集まってくるのは、毎年六、七月ごろだ。この情報がはいると村じゅうが忙しくなってくる。そしてクリフォードが中心となってキャンプの準備が進められるのだ。七月にはいり、ぼくはクリフォードの家族らとともにシシュマレフの島を離れ、ボートで海を渡った。海岸線の高台に、レインディアを追いこむ大きな柵が見えてきた。すでにいくつかの家族がキャンプを張っている。レインディアの群れはすぐ近くにいるはずだが、ここからは見えない。ベースキャンプには大量の食料が運ばれ、女たちがせわしなく動きまわっていた。子どもたちは、年に一回のピクニックに来たかのようにはしゃぎ回っている。次の日には新たに数家族がボートで着き、キャンプはさらににぎわってきた。

ぼくにとって、はじめて踏んだアラスカ北極圏のツンドラだった。見渡すかぎり木が一本もなく、空間がありすぎた。歩いても歩いても、自分が動いていないような錯覚にとらわれてしまう。ベーリング海から吹く風が海の匂いを運んでくる。空気がこんなにうまいのはなぜなのだろう。きっと村を離れたからにちがいない。なぜなら、シシュマレフの村全体に、いつもアザラシをはじめとした動物の干し肉の匂いが漂っているからだ。久しぶりに、まじり気のない空気を吸ったからなのだろう。

夜、火を囲みながら、おおぜいの人たちと食べる夕食は格別だった。カリブーのスープ、カモのスープ等々。クリフォードの親友のベンが、いつものようにぼくを肴に冗談を言う。みんながどっと笑う。ぼくはベンが大好きだ。

満腹になり体が温まると、子どもたちを引きつれて川沿いに探検に出かけた。子どもたちのお守りをしているのではなかった。ぼく自身が歩きまわりたかったのだ。まわりのすべてが新鮮だった。白夜の季節、もう夜も昼も区別がない……。厚い雲の間から太陽の光がすだれのように垂れさがっている。重苦しい極北の空だ。子どもたちがはしゃぎながら前を走りぬけていった。日本が、遠い遠い国に思えてならなかった。

レインディアの群れが近づいてきたらしい。男たちは川沿いにボートで背後からまわり、陸伝いに柵の方に追いつめることになった。いくつかのグループに分かれ、それぞれが二十メートルもある大きな布を持っている。その布を広げながらレインディアを追いつめるのだ。柵は入口が五十メートルぐらいの広がりをもち、それがだんだん狭まって、最後は一頭ずつしか出られない仕組みになっている。その最後の出口で、一頭ずつ角を切り落とす。

夕方になり、ベースキャンプからはじめて群れの一部が見えだした。ツンドラがフラットなため、そこの後ろにどのくらいの数のレインディアがいるのか、まったく見当がつかない。おそらく、背後ではエスキモーの男たちがゆっくりと追いつめているのだろう。双眼鏡でのぞくと、群れ全体が緊張しているのがよくわかる。肩と肩とが触れあわんばかりに、群れが一つになっていた。やがてレインディアは動きだし、ゆっくりと柵の中にはいっていった。二つ目の柵の中にはいると、すぐ入口が閉められた。あっけない幕切れだった。四、五百頭はいただろう。全員がキャンプから飛び出し、柵のまわりに集まった。閉じこめられたレインディアは、群れ全体が興奮しているせいか、出口を捜して柵の中をぐるぐる回っている。最初の仕事が終わった。どの顔も安堵感に満ちあふれている。

群れを追いつめた男たちが帰ってきた。みな、うれしそうだ。これから翌朝まで、寝ずの仕事が待っている。柵の中で殺した数頭のレインディアを解体し、夕食の準備にとりかかった。レインディア・スープ。大きな鍋に、大量の肉がタマネギ、ジャガイモとともに放りこまれる。舌も切られ、スープの中にはいった。ここがいちばんうまいのだ。

夜通しの角切りが始まった。柵の最後の出口のところで、レインディアは二人のエスキモーに押さえられ、巨大な鋏で次々と角が切られてゆく。逃げようとするレインディアと、ときおりレスリングになる。すさまじい迫力だ。角を切られたレインディアは、一頭一頭柵の中から飛び出してゆく。あまりの興奮に力が抜けてしまったのか、柵から出ても、茫然と立ちつくしてしまうものも何頭かいた。翌朝までに数十頭のレインディアが殺され、残りはすべて角が切り落とされたうえ柵の外に逃がされた。

レインディアの肉は冷凍にして貯蔵するか、でなければ干し肉にする。

レインディアのキャンプが終わった。村に帰ってしばらくすると、カリブーとムースの狩猟に出かけることになった。メンバーはクリフォード、アレックス、スタンレー、ベン、そしてぼくだ。クリフォードは狩猟に出かけるとき、必ずベンといっしょに行く。子どものころからの親友らしく、二人のきずなは見るからに強い。

ボートで海を渡り、ぼくたちはアラスカ北極圏の大地の中、網の目のように広がる川をさかのぼっていった。ときどきボートを岸に止めては、見晴らしのよい丘にのぼってカリブーの群れを捜した。山の上から見ると、この川が無数の支流を抱きながら大地を刻んでいるさまがよくわかる。スケールの大きさには、ただただ圧倒されるばかりだ。ゆるやかな起伏をもちながら、ツンドラが無限に続いている。

川を上りながらさまざまな動物に出くわした。川岸にたたずんでいたムースの親子がエンジンの音に驚いて丘を駆けのぼっていく。おそらくこのへんがムースの北限だろう。ヤナギを主食とするこの草食動物は、じつにでかい。世界最大のシカである。この親子はぼくが見たはじめてのムースだ。

ある日、支流にはいったボートは、かなり幅の狭い川を進んでいた。突然、川の曲がり角でカモの親子が飛び出してきた。母ガモは羽をばたつかせながら、あたかも傷ついているかのようにボートの目の前に現れた。はじめて見る擬態である。ぼくたちの目を引きつけている間に、雛鳥たちを逃がそうとしているのだ。クリフォードたちは、カモをとるためのショットガンを持っていたのだが、そのままボートを進めた。ほっとすると同時に、うれしかった。

川岸にキャンプを張ると、さまざまな動物の足跡が砂の上に刻まれていた。ベンがそれぞれの足跡を説明してくれた。「オオカミだぞ」と指をさしたときは信じられなかった。オオカミを見ることは、ほとんど夢に近いと思っていたのだ。たとえそれが古い足跡でも、かつてここをオオカミが通りすぎたという事実に変わりはなかった。

この旅のいちばんの思い出は、はじめて野生のクマを見たことだろう。ある日、いつものように見晴らしの良い丘にのぼり、カリブーの群れを捜していたとき、ツンドラのはるか彼方をゆっくりと動く灰色の塊が目にはいった。スタンレーが双眼鏡をのぞきながら、「グリズリーだ」と言った。気の遠くなるような広がりの中で、動いているものはそれだけだった。なんとも言いようのない強烈な存在感がある。数日後、川を渡ろうとしていた三頭のカリブーを仕留め、ぼくたちは村に帰った。

ひと夏をこの村ですごし、いろいろなことを知った。まずはじめに、ここは豊かな土地だということだ。海にはさまざまな海洋動物が棲息し、海岸エスキモーの村としてはすばらしい場所だった。海を越え本土に渡れば、複雑に入り組んだ川が無限の道をあたえてくれる。そしてそこには、カリブー、ムース、グリズリーをはじめとするたくさんの狩猟動物が棲まう世界があった。何にもまして感じたこと、それはシシュマレフ村の人々にとって、この土地こそが宇宙の中心なのだということである。あたりまえのことなのだが、本当にそれを実感した。この島に生まれ、ここで一生を終えることが、なんの違和感もなく納得することができた。

この村を去る前に、どうしても欲しいものがあった。動物の毛皮でつくったエスキモーの伝統的なパーカだ。毛の部分を内側にし、皮を外に出したこの服は、エスキモーの女性がつくる以外、どこに行っても手に入れることができない。ぼくはそれを大好きなアルスィに頼みたかった。シシュマレフ村の中でさえ、この服をつくることができるのは一部の年寄だけになっている。長い間、母から娘へと受けつがれてきたこの手法も、次第に消えようとしていた。アルスィは快く引き受けてくれた。それから二週間もかけてつくってくれたパーカは、すばらしいできばえだった。毛皮はクズリ、アザラシ、リス、オオカミを組み合わせてできていた。（この服は、今でもぼくの一番の宝物である。そしてこの服を着るたびに、アルスィを思い出す）

それから八年も経った冬、こんなことがあった。ぼくはアラスカ大学の学生だった。その日、大学の中にシシュマレフから来ている学生がいることを聞いたぼくは、すぐに彼の住む学生寮を訪ねた。たまらなく懐かしかったのだ。ぼくは初対面だと思ったのに、彼は前からぼくのことに気がついていたという。その理由に驚いた。ぼくは冬の間、アルスィのつくってくれたパーカを大学で着ていた。彼はそれをキャンパスで何度も見かけ、すぐにアルスィのつくったものだと気がついたという。ぼくに声をかけなかったのはシャイな彼の性格のせいだろう。それにしても、知らない人間がアルスィのパーカを着ているのは不思議だったにちがいない。彼はアルスィの親戚であり、彼のパーカもまたアルスィによってつくられたものだった。パーカはエスキモーの村、そして個人によってそれぞれ独特のつくりかたがあるのだという。ぼくがシシュマレフ村にいたころ、彼はわずか十歳の子どもだったのだ。もしかすると、浜辺でいっしょに遊んだ子どもたちの中の一人だったかもしれない。

村を去る日が来た。ぼくは、言葉も通じないウギのところにゆき、お礼を言いながら手を握った。もうだれも年がわからないこの老婆の手は、なんと小さく、皺だらけだったことだろう。もう動くことも話すこともうまくできない。老木が、静かに最後の時を待っているかのごとくである。が、ウギはわずかにほほえんだのだ。この家ですごした夏の間、この老婆が笑ったのを見たのは、最初に会ってマフラーをあげたときと、このときだけであった。（ウギはそれから二年後に亡くなる）

ぼくの乗る郵便機が村の上空に現れると、村じゅうの人たちが村はずれのストリップに向かって歩きだした。毎週くり返される、おなじみの光景である。外界との橋渡しをするこの郵便機は、村人にとって最大の楽しみなのだ。ぼくは村の中央通りを歩きながら胸がいっぱいになった。この村に、いつかまた来る日があるだろうか。ひとつひとつの風景を、目の中に刻みこもうとしていた。クリフォードやアルスィをはじめ、みんなが見送りに来てくれた。ベンの顔もあった。つらい別れだった。

Ⅱ　一九八一年

一九七八年からアラスカに住みついたぼくは、シシュマレフ村のことをいつも気にかけていた。その後、写真という仕事を選び、ぼくはアラスカの自然と本格的に取り組もうとしていた。だから、最初のきっかけになったこの村での夏は、生涯忘れることができない。しかし、同じアラスカにいても、シシュマレフ村はずっと遠いところにあった。十年という歳月が経って、ようやくぼくはふたたびこの村を訪れることができた。

ノームからシシュマレフ村へ向かう間、頭の中ではさまざまな思い出がよみがえっていた。アルスィ、アレックスはまだ元気でいるだろうか。ティナ、そして、十年前、ぼくが村に着く二日前に生まれたジョンボーイはどんなに大きくなったことだろう。ウギが亡くなったことはすでに手紙で知っていた。窓からシシュマレフ村が見えてくると、もう居ても立ってもいられなくなった。小型飛行機が旋回するとき、十年前にさかのぼった川が見えた。あれは、なんといい川旅だったことだろう。着陸前に村の上空を飛んだとき、ぼくは窓からクリフォードの家を捜していた。

滑走路には、スタンレーが荷台を引いた三輪バイクで迎えに来ていた。静かなスタンレーはあいかわらず昔のままだ。クリフォードやシュアリィは家で待っているという。十年前にはなかった三輪バイクの後ろに乗って、懐かしい村の中央通りを駆けぬけていった。途中、スタンレーが自転車に乗っている少女を指さした。「ティナだよ」と言う。……信じられなかった。十年という歳月を感じた。けれども、少し建物が増えたほかは、村はほとんど昔のままだ。のんびりとした海岸エスキモーの村、シシュマレフはほとんど変わっていない。家に飛びこみ、クリフォード、シュアリィ、アレックスとそれぞれ再会を喜んだ。「アルスィはどこ？」と聞くと、浜辺で働いているという。ぼくはそのまま浜辺に走っていった。十年前と何も変わらない。アルスィは、あのころそのまま、アザラシの解体に励んでいた。そばで手伝っているのはローリー。これはすぐわかった。恥ずかしがり屋のローリーも昔のままだ。ぼくに気がつくと、そのまま目を伏せ、小声でアルスィに話しかけるのが聞こえた。

「ミチオだ」

アルスィはすぐに立ちあがり、ぼくに抱きつこうとした。が、両手がアザラシの血で真っ赤なのに気がつくと一瞬、躊躇した。だが、ぼくの方から抱きついてしまった。懐かしい匂いがした。アルスィのパーカにしみこんだ、あの懐かしい村の匂いだ。

アルスィも昔とちっとも変わっていない。彼女がどれほど年老いてしまったのか、来る前はとても心配だった。元気でいてほしかった。ところが、十年という歳月を飛びこしてしまったかのごとく、働き者のアルスィは昔のままだった。もう七十に近いのだろうに。

夕方になり、ティナとジョンボーイが帰ってきた。二人ともぼくを覚えているはずがない。ジョンボーイは、すでに十歳の少年だ。毎日のように子守をしていたティナは、少女から年ごろの娘へ近づこうとしていた。この二人は自分の弟、妹のような気がする。特にジョンボーイはぼくに懐き、クリフォードがそれをとても喜んでいた。

その夜は、昔話に花が咲いた。けれどもケイトがいない。だれに聞いてもしかとは答えてくれない。明らかに話したがっていないのだ。ぼくもそれ以上聞くのをやめてしまった。翌朝、シュアリィが話してくれた。ケイトは死んだのだ。詳しいことはわからないが、村を出てから酒と薬におぼれたとのことだ。その後、今から何年か前に村に帰ってきてから自殺したらしい。十年前、あんなにすてきな娘だったケイトと自殺が、どうしてもぼくの頭の中で結びつかなかった。

エスキモーを含めたアメリカ原住民とアルコール中毒との問題は、簡単には説明しえないほど根が深い問題だ。いったいどれだけ彼らの社会をむしばんできたことだろう。

アラスカ大学の学生だったころ、Rというエスキモーの友人がいた。アラスカ大学の学生のうち二割はエスキモーとインディアンが占めていて、ぼくには友人がおおぜいいた。Rもその中の一人だ。気が優しく、鷹揚で、とてもいい奴だった。ある年の夏休み、Rはけんかをして人を刺し殺してしまった。すべてが酒を飲み、酔いつぶれている間の出来事だった。Rは何も覚えていないという。ぼくたちはとても信じることができなかった。後にRは三十五年の実刑判決を受けた。ケイトにしてもRにしても、いったいどうしてこういうことになるのかという疑問がぬぐい去れない。アルコール中毒や薬の背後にあるものはなんなのだろう。

この五十年におけるエスキモー社会の変貌には目まぐるしいものがある。彼らにとって選択の余地がないほどの速さで、新しい価値観にとり囲まれていった。貨幣経済、開発、テレビの普及、学校……。そのうち最も大きなものに言語の問題がある。二種類のエスキモー語、ユピックとイヌピアックは急速に消えようとしている。子どもたちはもう英語しか話さない。同じことがアラスカのインディアンについてもいえる。自然にそうなったのではなく、アメリカ合衆国の原住民政策の一環として強いられた結果であった。一九一〇年から一九六〇年の五十年間、白人教師が派遣された村の学校で、子どもたちがエスキモー語を使うと体罰を加えられる時代が続いた。この五十年間のアメリカの政策がエスキモー語の存続を根底から揺るがしてしまったのだ。

言語はその民族の文化の柱になるものだ。日本語がいつか消え去ってしまうなどと、だれが想像できるだろうか。けれども、エスキモーの言語の状況を考えると、一つの民族の言葉を消してしまうことなど、それほどむずかしいことではないような気がしてくる。子どもに話させなくすれば、言葉は次の世代に伝わらない。もちろんそれだけではなく、テレビの普及も大きな影響をあたえているにはちがいないが。

ケイトの自殺と言語の問題を結びつけるのは無理なのかもしれない。けれども、どこか深いところでつながっているような気がする。言葉というものが、自分がだれなのかをつねに意識させつづけてくれるものなら、自分たちの言葉を失ったエスキモーは、それを見失い、どこにも居場所が見つからないような羽目におちいっているのではないだろうか。

シュアリィに話を聞いてからは、いっさいケイトのことを聞くのはやめにした。

悲しいニュースがもう一つあった。ベンの弟が海で死んだというのだ。詳しいことはわからない。クリフォードが言うには、あの陽気なベンが、長い間落ちこんだまま、なかなかそこから抜けられなかったらしい。ぼくが会ったときは、もう昔のままのベンであったが。

逆に、うれしいニュースもあった。あのシャイなローリーが、結婚して男の子を産んでいたのだ。養子のローリーは、今でもアルスィの仕事を助けている。そんなあたりまえの家族のつながりが、ぼくには、見ていてとても気持ちよかった。

十年前と同じように、ぼくたちはカリブーやセイウチの狩猟に出かけ、レインディアの角切りに行った。以前と違うところは、十歳になったばかりのジョンボーイが加わっていることだ。この子はいいハンターになるような気がする。クリフォードも、ジョンボーイの成長ぶりに目を細めている。

十年ぶりのシシュマレフ村。これからどんなふうに変わってゆくのだろうか。いつかジョンボーイがおとなになったとき、かつてクリフォードと行ったようなすばらしい狩猟の旅がいっしょにできるだろうか。

＊注・シシュマレフ村滞在は、正しくは一九七三年。

カリブーを追って

I　鳥類学者、デイブ・スワンソン

はじめてデイブ・スワンソンと会ったのは、一九七八年の夏の終わりだった。アラスカ大学に入学し、この土地での生活が始まる最初の年である。きっかけは友人のロン・クラークだ。ロンはアラスカ大学の大学院で鳥を研究していて、夏の間、北極海の海鳥の調査で居ないデイブの丸太小屋を借りていた。

アラスカ大学のあるフェアバンクスは、ゴールドラッシュの時代にできた小さな町である。いちおう、アンカレジに次いでアラスカ第二の町なのだが、人口約二万五千ということでその大きさがわかるだろう。マイナス五十度まで下がる冬の寒さは、容易に人を寄せつけない。町の匂いというのは、そこに住む人々によって醸しだされてくるのだろうが、フェアバンクスは古き良きアラスカの匂いを残す、のんびりした町である。大学の建つ丘からは、どこまでも続く原野が見渡せ、その広がりにはだれもが息をのむだろう。この町の北に北緯六十六・三三度線が通っていて、そこから北極圏が始まる。

アラスカ大学は田舎の大学だけれども、自然科学の分野は優れていて、おおぜいの学生がほかの州からもやってくる。アラスカという土地に憧れてはいってくる学生もかなり多い。キャンパスにはときおりキツネやムースが現れることもあり、この年は、大学の裏のトウヒの森に、アシボソハイタカが営巣をしていた。が、それはニュースになるほどのことでもない。フィールドは大学の裏から始まっている。ロンは修士論文のテーマとしてこの巣を観察していた。

八月のはじめ、二人で雛の成長具合を見に行った。ブラインド（観察用テント）からのぞくと、もう雛というより幼鳥になっていて、巣立ちが近づいている。

「うわあ、すごいなあ。あとどのくらいで飛び立ってしまうのかなあ」

猛禽類の営巣など見たことがないぼくは、ただただ感動していた。アラスカでの新しい生活が始まろうとしている。昂揚した気持ちと目の前に息づいている野生。そして、むせかえるようなトウヒの森の匂い。

「デイブが今、フェアバンクスに帰っているぞ。先週、デイブの研究室が火事で焼けて、知らせを聞いてあわててフィールドから戻ってきたんだ。ミチオ、会いたがっていたろう。今ならつかまるぞ」

何やらかなりの研究資料を焼失したらしい。火事の後始末が終わり次第、すぐに北極圏のフィールドに引き返すとのことだ。

ぼくはデイブに会いたくて、その日の夕方、町はずれにある彼の丸太小屋を訪ねた。焼け出された荷物が小屋の前に集められて、デイブはドアの前に座りこんでいた。会うのはこのときがはじめてだった。長いフィールド調査から帰ったばかりのデイブは、無精髭をはやし、少しやつれているようだ。気むずかしそうな男だなと思った。アラスカに来たばかりで、まだ英語がうまく話せないぼくは、火事のお悔みを言うセンテンスなど頭に浮かばず、自分の言いたいことだけを話した。

「ロンの友達で、ホシノ・ミチオと言います。日本から来て、この秋からアラスカ大学にはいります。野生動物学部です。じつはロンから聞いたのですが、これからまた北極海の海鳥の調査に戻るのですか。いっしょに連れていってもらえませんか。なんでもやります」

こんなようなことをつたない英語で話したのだが、デイブにとってはあまりに唐突で、何がなんだかわからなかっただろう。ぼくはこういう場合、つまりむずかしそうな自分の願いを伝えるとき、必ずもう一度自分に問いなおしてみる。本当にやりたいのかどうか、と。もしそれが中途半端な気持ちでないのなら、きっと相手は考えてくれるだろうと、自分勝手な信念をもっている。しばらく話したあと、明日もう一度電話してくれということになった。必要なこと以外はしゃべらない、アメリカ人らしくない男だなと思った。

翌日の午後、電話をする。

「明日からフィールドに戻る。暖かい寝袋と着るものを持ってこい。食料はすべてベースキャンプにある。明日、空港で会おう」

やったぞ。デイブが北極圏でどんな研究をしているのかまったく知らず、そんなことは問題でもなかった。ともかくアラスカ北極圏にはいれる。そしてそこには、巨大な海鳥のコロニー（集団営巣地）があるらしい。もうそれだけで十分だ。デイブがアラスカで五本の指にはいる鳥類学者であることを知ったのも、ずっと後のことだ。（大学が始まり、ナチュラルヒストリーの授業のときだった。教授が、今日の講義は特別にこの人にやってもらうと言って、はいってきたのがデイブだった。ぼくはあっけにとられ、視線が合ったデイブはにやっとしていた。このころから、ぼくはデイブに一目おくようになったわけだ）

エスキモーの村、コッツビューでセスナに乗りかえたぼくたちは、ケープトンプソンに向かっていた。ベーリング海と北極海とがぶつかる海域に突き出た小さな岬だ。いちばん近いエスキモーの村からでも百キロ近く離れている。風の強い日で、ぼくたちの乗ったセスナは木の葉のように揺れながら飛行していた。ケープトンプソンが近づいてくると、デイブは窓ごしに周辺の地形、調査地域の説明をしてくれた。しばらくして、セスナはランディングの態勢にはいった。どうやら目の前の波打際に降りようとしているらしい。しかし、風が強いクロスウィンド（横風）で、何度もトライするが降りられない。速度を落としていくと、横風にセスナがひっくり返されそうになる。そのたびにエンジンをふかし、機をたて直そうとするのだが、ぼくの体は硬直し、いっしょにアクセルを踏むかのようにふんばってしまう。手に汗どころではない。飛行機というのはこんなに軽いのかと思うほど、風にあおられている。ときどき、風にぶつかるというのか、セスナ全体がものすごい反動を受け、鋭角的に吹きとばされてしまうのだ。それから八年の間に経験する飛行のことを考えれば、このときのことはどうということはなかったのだが、何しろはじめての小型飛行機の経験だ。そもそも飛行機というのは飛行場に降りるものだという考えを、最初から改めさせられた。これからアラスカの生活が始まろうとしているのに、ここで死んでしまうのはたまらない、とこのとき真剣に思ったものだ。

ぼくたちは、わずかな風の合間をぬって無事にランディングすることができた。憧れの北極圏に来たことより、ひとまず生きていることのほうがうれしかった。

「二週間経ったらまた会おう」

という言葉を残して、パイロットは飛びたっていった。

爆音が遠ざかってゆくと、北極海の砂浜に寄せる波音が、フェイドインするかのように聞こえてくる。広大な風景の中で、デイブとぼくだけがとり残された。東に起伏のゆるやかな北極圏の山なみが連なり、谷あいから小さな川が北極海に流れこんでいた。

「そうだ。あの山なみはアラスカ北極圏を東西に貫くブルックス山脈の西の端にあたる部分ではないか」

と気がついた。地図上で長い間憧れていた山脈が、いつのまにか自分の目の前にあった。川のほとりに白いキャンバスのテントがたっており、そこがぼくたちのベースキャンプだった。せせらぎの中に、風化したカリブーの大きな角があった。砂浜にもカリブーの足跡があり、ここ数日間に小さな群れがこの付近を通っていったようだ。なんとすばらしいベースキャンプなのだろう。三日前まで会ったこともなかったデイブと、北極圏での二人だけの生活が始まった。

荷物を運びこみ、ベースキャンプを整えたぼくたちは、ゾーディアックを膨らませ、夕方から海に出た。ゾーディアックとは、フランスの海洋学者クストーが発案した世界最高のゴムボートである。岬をまわりこむと、見渡すかぎりの崖に、巨大な海鳥のコロニーが飛びこんできた。ボートが近づいていくと、何万という鳥がいっせいに巣を離れ、ぼくたちの上を飛びまわりながらふたたび巣に戻っていく。周辺一帯が、鳥の鳴き声でうめつくされていた。ここは、ウミネコ、ウミガラス、ツノメドリなどの海鳥の、北極圏最大の繁殖地である。ボートのエンジンを切り、波に揺られながら、ぼくたちはこの巨大なコロニーを見あげていた。風が冷たかった。羽毛服の上から寒さがしみてくる。デイブは自分がやっていることをぼくにわかるように説明してくれた。この二週間でやらなければならないことは、ウミネコとウミガラスの繁殖状況、そして全体のポピュレーションを調べることだ。ケープトンプソンには四つの大きな繁殖地が続いており、そのすべてが調査対象だった。暗くならないうちにボートでまわってみることにした。

「イヌワシの巣だ」

デイブが崖のてっぺんを指さしながら教えてくれた。双眼鏡で見ると雛はすでに成長しきっていた。もう飛び立つ準備をしているのだろう。四つの繁殖地をまわったぼくたちは、そのままベースキャンプのある浜に向かった。夕暮れが迫っていた。風が強く、ゾーディアックは白波を切って走っていた。突然、二十メートルも離れていない海から、黒い巨体が浮かびあがってきた。

「コククジラだぞ。南に向かっているんだ」

デイブが叫んだ。波しぶきでずぶ濡れだったが、そんなことは気にならない。目の前にクジラがいるのだ。ほとんどぼくたちと並行して進んでいる。自分の手が届きそうなところで、クジラの生命が躍動していた。やがて黒い巨体は、暗い波間の中に消えていった。太陽はすでに水平線に沈み、西の空が紅く染まっていた。

ベースキャンプに戻ったぼくたちは疲れきっていた。長い一日だった。キャンプの真下を流れるせせらぎに水をくみにゆき、夕食の準備にとりかかった。水は冷たかった。水面に口を近づけ、喉をうるおす。その土地がどれだけ健康かは、自然の水が飲めるかどうかにかかっているだろう。どこかで、喉を震わせるような美しいアビの鳴き声がした。

コンロの上で、シチューがいい香りを漂わせている。食事はぼくがつくることになっていた。ポテトサラダをつくっているとき、中に入れるタマネギのみじん切りを塩水につけて苦味をとった。それを見ていたデイブがひどく感心し、ぼくがキャンプでの食事当番に決まったのだ。腹をすかしていたぼくたちは、ほとんど一瞬にして夕食を平らげた。

デイブは独特の雰囲気をもった男だ。後に会う多くのアラスカの生物学者が、デイブに一目おいているという印象を受けた。夕食が終わるころ、あたりはすでに闇に包まれていた。つい一ヵ月前には夜がなかったのだ。日照時間は日増しに短くなり、冬が近づいていることを告げていた。ランタンに灯をともし、熱いコーヒーをすすりながら話をした。

デイブは、これまで自分がかかわったアラスカ北極圏での研究について話してくれた。幼年時代を、父親の仕事の関係でいくつかのエスキモーの村ですごしたことも、このとき知った。デイブは古いエスキモーの生活について、驚くほどの知識をもっていた。話を聞きながら、デイブのエスキモーに対する好意的な見かたが感じられ、うれしかった。その中に、こんな話があった。

「いつだったか、ノームに帰る途中のことだ。エスキモーの年寄夫婦のボートが海に漂っていたんだ。近づいてみると、エンジンが故障したらしい。村にちょうどエンジンがはいったころのことだ。ノームまで引っぱってあげようというと、大丈夫だからと言って、何か一生懸命ナイフで削ってるんだ。動物の骨のようなものだった。何度言っても、その年寄は大丈夫だからと答えるだけなので、心配だったが、しかたがないのでそのままノームに帰ったんだ。次の日になって、年寄夫婦が無事に村に戻ったことを知った。削っていた骨のことが気になって、その日のうちに訪ねたんだ。年寄は何がおこったのかを説明してくれた。エンジンの小さな部品が壊れ、同じものをカリブーの角の一部を削ってつくっていたんだ。それを見せてもらい、友人のエンジニアのところに持っていった。そいつは細かく寸法を測り、たまげていたよ。実際の部品より精巧にできあがっていたんだから」

ランタンの音だけが聞こえていた。風もやみ、静かな夕べだった。デイブの話はぼくをひきつけた。長い間、極北の自然に憧れ、つもりつもった質問が頭の中に詰まっていた。デイブは、その質問にすべて答えてくれるような気がした。極北の動物学の古典“Animals of the North”（日本語版『極北の動物誌』）の著者、ウィリアム・プルーイット、“Never Cry Wolf（日本語版『オオカミよ、なげくな』）”の著者、ファーリィ・モーファットなど、本の世界でしか知らない人々がデイブの知人であった。話題はつきず、明くる日のことを考え、話を途中でやめなければならないほどだった。ランタンを消し、寝袋にもぐりこむと、長かった一日のことが頭の中をかけめぐった。巨大な海鳥のコロニー、はじめて見たイヌワシ、コククジラ、そしてデイブの話……。疲れているのになかなか寝つけなかった。北極海から打ちよせる波の音がかすかに聞こえた。

霧に包まれる日が何日かあったが、調査は順調に進んだ。デイブはウミガラスの胃の中を調べるため、毎日、数羽のウミガラスを撃ち落とさなければならなかった。海上で、巣に帰るウミガラスの中から嘴に魚をくわえているものだけをすばやく見つけ、ショットガンで撃ち落とすのだ。デイブは毎晩のようにランタンの下でウミガラスの解剖に忙しかった。ぼくたちはそのウミガラスをむだにすることを嫌い、解剖が終わり次第、夕食のおかずとした。しかし、どんなにバターで炒めても海鳥特有の臭みは消えず、ほとんど飲みこむようにして食べた。

霧に包まれた日は海に出ることができず、ぼくたちは近くの山々を歩いた。ツンドラの紅葉が山を埋めつくしていた。帰りはブルーベリーの実を摘みながらキャンプに戻った。そんなとき、デイブはツンドラの植物の中で食べられるものを教えてくれた。とくにサワードックという植物の葉は、毎日のように摘んではサラダにして食べた。エスキモーはこれをシールオイルにつけてデザートとして食べる。ブルーベリーの実は朝のホットケーキの中に入れた。これがまたじつにうまい。

外に出ない日は、ライフルとショットガンの使いかたをデイブが教えてくれた。空き缶を岩の上に置いて練習をする。子どものころ、同じことをやったような気がするが、今は実弾だ。

ある晩、いつものようにデイブの話を聞いているとき、ぼくはスペンサー・リンダーマンという人の名前を思い出した。日本で読んだタイムライフのアラスカに関する本の中に出てくる、当時アラスカ大学野生動物学部の大学院生の名前である。スペンサーは、ブルックス山脈を旅するタイムライフの記者のガイドとして本に登場していた。ぼくはこの章が好きで何度も読み直したため、スペンサーという名前も記憶していた。年齢からしてデイブと同世代ではないかと思い、知り合いかどうか聞いてみた。

「スペンサーは五年前に飛行機事故で死んだ。シロイワヤギの調査をやっているとき、山に近づきすぎて崖に突っこんでしまったんだ。もう四、五人、自分の仲間が殺《や》られている。アラスカの動物の調査は小型飛行機なしには考えられないし、とくに北極圏で長い間やっていると、遅かれ早かれということはあるんだ」

デイブはパイロットでもあるが、今はほとんど自分では飛ばない。

「ミチオ、これからアラスカで長い間やっていくなら、本当にいいパイロットと組まなければだめだ。そうしないと、いつか殺られるぞ。アラスカには星の数ほどパイロットがいるが、その中で本当に北極圏を自由に飛べるパイロットは数えるほどしかいないんだ」

デイブの話の中で、ぼくをいちばんひきつけたのはカリブーだった。デイブは以前、五年間にわたってカリブーの調査をしていた。ある朝起きると、自分が数万頭のカリブーの群れの真ん中にいた話、親からはぐれたカリブーの子が、自分からグリズリーに近づいていって殺られてしまった話……。とりわけ、カリブーの、北極圏を舞台とする長い季節移動に興味をもった。ぼくは、カリブーこそ極北の自然のシンボルのような気がしていた。これから始まろうとしている撮影の中で、カリブーが大きなテーマの一つになるような漠然とした予感があった。ぼくたちは本当に毎晩のように、よく飽きもせず同じような話をしていたと思う。

　ある日、キャンプの近くに数頭のカリブーが現れた。デイブは、おもしろいことをやってみようと言ってぼくを連れだした。カリブーのもっているキュオリオスィティ、つまり、なんだかよくわからないものに興味をもつ性格を試してみようというのだ。ぼくたちは一頭のカリブーにできるだけ近づき、草むらのかげに隠れた。デイブは白いハンカチをとり出し、手を伸ばしてカリブーに向かって振った。カリブーが気づくとすぐハンカチを引っこめ、同じ事を何度もくり返した。カリブーは明らかに興味をもち、まるで確かめずにはいられないという具合に、おそるおそるぼくたちに近づいてきた。カリブーはなんと十メートル近くまで来て、ぼくたちをみつめていた。そしてやっと気づいたかのように、一目散に逃げていった。


　近くの小さな池に、営巣を終えたアビの家族がいた。夕暮れになると聞こえる、喉を震わすような寂しいアビの鳴き声はたまらなくよかった。浜辺で新しいグリズリーの足跡を見つけたが、ついに姿を見ることはなかった。

　セスナがぼくたちを迎えにくる前の夜、空が晴れあがった。本当に久しぶりに満天の星を見たような気がする。五月から白夜が始まったのだから、ほとんど四ヵ月ぶりに見る星かもしれない。こういう感覚は極地にいないとわからないだろう。

　しばらく夜空を眺めていると、何やら青白い光が、ゆっくりと北の空に浮かびあがってくる。その光はゆっくりと形を変えながら、竜巻のように舞いあがってきた。

「デイブ、オーロラだ！」

ぼくはテントの中にいるデイブを呼んだ。はじめて見る不思議な極北の光は、まるで生き物のように揺らめいていた。デイブはテントから顔を出しただけで、すぐまた引っこんでしまった。もう珍しくもないのだろう。オーロラは次第に輝きを増し、全天に広がっていった。ぼくはただ、ぼんやりと光の動きをみつめているだけだった。これから始まろうとしているアラスカの生活に、オーロラの光は、何か暗示をあたえているような気がしてならなかった。

II　カリブーを追って

ブルース・ハドソンの操縦するセスナ185は、霧の中をもう一時間近く飛行していた。東部アラスカ北極圏、高度八百メートル。ぼくたちは霧の晴れ間を捜しながら、まっすぐブルックス山脈に向かっていた。まったく何も見えない。少し心配になり、隣で操縦するブルースの顔をときどき見ていた。話しかけるには、ヘッドフォンをかぶりマイクを使わないと、エンジン音で何も聞こえない。

「ブルース、大丈夫か」

ブルースはぼくに向かって、笑いながらうなずくだけだ。ぼくたちは、春の北極圏特有の霧に完全に閉じこめられていた。

ぼくはカリブーの季節移動を撮影するために、東部ブルックス山脈に向かっていた。前の年、ケープトンプソンのキャンプで毎晩のように聞いたカリブーの話は、ぼくの頭の中から離れず、大きなものとして膨らんでいた。すべての情報はデイブがくれた。

「ブルース・ハドソンと組んでやれ。アラスカ北極圏を自由に飛べる、数少ないブッシュパイロットの一人だ」

ブッシュパイロットとは、エスキモーやインディアンの村の間を人や物資を運んだり、アラスカの僻地を飛行するパイロットのことをいう。

いつのまにか霧の切れ間が頻繁に現れるようになり、ぼくたちは突然、どこまで続くかわからない乳白色の世界から飛び出していた。眼下には、まだたっぷりと雪をかぶった大地が広がり、その果てにはブルックス山脈の山なみが屏風のように連なっている。早春の陽を浴びた雪面がまぶしかった。

「今年は雪が多いからカリブーの移動は遅れるぞ。食料は十分にあるか？」

ブルースの声がヘッドフォンから聞こえてきた。ぼくはブルースの方を向いてうなずいた。

「クマはもう冬眠から覚めているかな」

今度はブルースがぼくに向かってうなずいた。

ブルックス山脈が次第に近づいてきた。見渡すかぎり、生命のかけらさえも感じられない白い世界が果てしなく続いている、自分はいったい何をしようとしているのだろう。膨らませていたぼくの計画を無視するかのごとく、眼《ま》のあたりにする風景はあまりにも大きすぎた。これから一ヵ月半の間、一人ですごさなければならない。ぼくは、その山なみを飽きることなくみつめていた。何かあっても一人で脱出することは不可能だろう。ここからいちばん近い内陸エスキモーの村まで、ブルックス山脈を越えて二百キロもあるのだから。準備は万全だったろうか。……食料は十分だ。ライフルも持った。あとは不慮の事故がおきないことを祈るだけだ。

セスナはブルックス山脈の谷あいにはいっていった。アラスカ北極圏を東西一千キロにわたって貫くこの山脈は、ほとんどの山が未踏だろう。山や谷に名前すらついていない。これだけ北に位置する山脈に、氷河の形成があまり見られないのは、年間の降水量が極端に少ないからだ。この山脈を越えると、ただただ広大な北極斜面が北極海まで広がっている。ここはもう永久凍土の世界だ。

ブルースは次第に高度を落としてゆき、ランディングの場所を捜しはじめた。川はまだ完全に凍結しているようだ。スキーをつけたこのセスナなら、ほとんどどこにでも着陸できるような気がしたが、着陸してから滑走するために十分な、フラットな場所はなかなか見つからない。何度か雪面すれすれの低空飛行をしたあと、思いきってランディングしてみる。しかし、フラットな距離がやはり短すぎて、あわててアクセルをふかし飛びあがる。去年のケープトンプソンでのランディングを思い出す。あのときにくらべればどうということはない。そしてあの飛行以来、どんなに怖くても、見せかけだけは平然としていようと心に決めていたのだ。結局、パイロットでないぼくはどうすることもできないのだから。

ブルースは凍結した川岸の雪原にいい場所を見つけ、何度かバウンドしながらも、無事に滑りこんでいった。エンジンを切ると、物音ひとつ聞こえない静寂があたりを支配していた。風もまったくない。気の遠くなるような風景の広がりだ。北は北極海までさえぎるものとてなく、後ろにはブルックス山脈が連なっている。

小さなセスナにぎっしりと積みこんだ荷物をおろしはじめた。一回の飛行で積める分だけと思い、ぎりぎりに絞った装備だったが、結局、次のごとき山のような荷物となってしまった。

カメラ機材

カメラ（35ミリ）二台、レンズ六本（800ミリ、300ミリ、100ミリ、55ミリ、35ミリ、24ミリ）

カメラ（6×7）一台、レンズ三本（300ミリ、105ミリ、55ミリ）

三脚、フィルム（五十本）

野営用具

テント二張り（予備テントを含む）、ペグ、ロープ、マット、シュラフ、羽毛服、雨具

炊事道具

コンロ、コッフェル一式、ホワイトガソリン（三ガロン）、フライパン、マッチ、ライター

食料

米（五キロ）、ホットケーキの素、オートミール、ラーメン（十個）、タマゴ（十二個）、缶詰（コンビーフ、ツナ）、タマネギ、ジャガイモ、マーガリン、カレー粉、かつおぶし、醬

油、調味料、ビスケット、チョコレート、コーヒー、ココア
スキー、スノーシュー（輪かんじきの大きなもの）、ライフル、釣り竿、救急箱、トイレット
ペーパー、時計、双眼鏡、日記帳、パイプ
本（『デルスウ・ウザーラ』、その他）
その他

荷物をおろしたあと、二人であたりを歩きまわった。ブルースは、明らかにぼくのことを心配しているようだ。一ヵ月半、絶対に人に会うことはないだろう。

「もし何かあったら雪原にＳＯＳを書くか、黄色いテントのフライシートを振るように」とブルースが言った。一ヵ月半の間に、何度かこの上を飛ぶことを約束してくれた。ぼくはというと、これから長いキャンプにはいることに対しての不安は、じつはほとんどなかった。それよりも、はたしてカリブーの季節移動が見られるかどうかのほうが、よほど心配であった。雪の状況により、カリブーの移動ルートは毎年違うからだ。もしかしたら、とんでもない大きな賭けをしているのではないか。

ブルースと日程の最終確認をしたあと、セスナは飛び立っていった。爆音が遠ざかり、セスナが見えなくなると、あたりはふたたび深い静寂に包みこまれた。さあ、もうひとりぼっちだと思うと、自分で自分を元気づけたくなる。とともに、それとは裏腹の、叫びだしたいような解放感があった。まだ白一色の春遅いアラスカ北極圏であったが、長く暗い冬はすでに終わっていた。

ぴーんと張りつめていた真冬の空気は、もうここにはない。自然が人間に対して敵対的な季節は、すでに過ぎさっていた。ぼくは凍結した川岸にテントを張り、ベースキャンプをつくった。

それから数日間、キャンプは完全に霧に閉じこめられてしまった。雪面と霧の境さえわからず、テントから離れることもできない。風が吹いて、この白いベールをとりはらってほしかった。こんなに風を待ち望んだこともない。あたりが何も見えないというのは気味が悪いものだ。冬眠から覚めたクマがもう動きまわっているころだろう。あまり心配もしていなかったクマのことが、急に気になりだしてきた。食料はキャンプから離れた雪の下にすべて貯蔵する。テントのまわりを雪のブロックで囲み、風に備えた。

霧が晴れると、毎日のようにクロスカントリースキーで遠出をした。春のざらめ雪に苦しめられながらも、スキーなしでは腰まで雪に埋もれてしまう。早春とはいえ、風が吹くと顔が刺すように冷たかった。けれども、未踏の谷あいをスキーを駆ってはいってゆくのはじつに楽しいものだ。自分が大きな風景の中の一点にすぎなくとも、まわりのすべての自然が自分に属しているような気がする。テルモスのコーヒーをすすり、パイプをふかしていると、なんともいえない幸福感にひたってしまう。

ある日の夕方、北極ギツネが山の麓を歩いているのに出くわした。この旅で目にするはじめての生物だった。冬毛から夏毛に変わろうとしているらしく、前半分が焦茶色で、後ろ半分がまだ白い冬毛であった。冬眠から覚めた北極ジリスも、雪の上を走りまわっている。北極ジリスは、冬の眠りから覚めると同時に繁殖期にはいるのだ。春の陽を浴びて、二匹のリスが追いかけっこをしている。楽しそうな光景だが、じつは繁殖期に向けての、雄同士の熾烈な縄張り争いなのだ。このリスは、完全な冬眠をする数少ない極北野生動物の一種だ。完全な冬眠とは、新陳代謝を極端に落とし、氷点近くまで体温を下げて冬をすごす状態のことをいう。なかば仮死状態となるわけだ。クマの場合は本当の意味での冬眠ではなく、ただ深い眠りにはいっているだけだ。

春が駆け足で近づいてきた。半年の間凍りついていた大地を、太陽がどんどん解かしてゆく。アラスカの春一番があるとすれば、それは川の解氷の日のことだろう。ある朝、何か大きな物がぶつかり合うすさまじい音に目を覚ました。冬の間、凍結していた川が動きだしたのだ。巨大な氷の塊が、押しあいながら流れに乗ろうとしている。北極圏は冬の眠りから覚め、少しずつ動きだしたようだ。

アラスカの人々にとって春がいかに待ちどおしいもので、解氷の日からそれが始まるのだということを示すものに、ネナナアイスクラッシックと呼ばれる祭りがある。アラスカ内陸部を流れるユーコン河の支流、ネナナ河の氷がいつ動きだすかに、アラスカに春が来るかを賭けるのである。アラスカじゅうで賭けをするのだ。何月何日何時何分何秒に、アラスカに春が来るかを賭けるのである。一人五ドルの、ささやかな、とはいえ全体にすれば莫大なギャンブルだ。なぜなら最も近い時を当てた者が、すべての金を持っていけるからだ。ともあれ、日本の宝クジより夢がある。

ある日、一陣の強い風が吹いたかと思うと、テント全体が一瞬、持ちあげられそうになった。

この風が、それから二十四時間吹き荒れるブリザードの前ぶれとは、まったく予想がつかなかった。風は次第にピッチをあげてきて、一時間もしないうちに暴風雪となった。デイブに言われたことが頭の中をよぎった。

「テントは予備を含めて二つ持っていったほうがいい。春の北極圏はときどきものすごいブリザードに襲われるんだ。何しろ北極海からさえぎるものがないから、風をまともに受けてしまうんだ。テントを引き裂かれてしまうことがあるからな」

風が爆発したように強さを増してきた。テントの外に出てペグを打ち直し、張り綱を締め直した。体が風でもっていかれそうになる。

イグルー型のテントは、センターポールと張り綱だけで支えられている。ぼくはテントの中でセンターポールにしがみついていた。風が唸りをあげている。風がこんなに恐ろしいものだとは知らなかった。さえぎるものとてないアラスカ北極圏の大地に、一メートル五十センチほどのぼくのテントが露出して、このわけのわからぬエネルギーを一手に受け止めているような気がしてくる。

アルミのセンターポールが弓なりにしなり、テント全体が変形してきた。これはまずい形勢になってきたぞ。このままではきっと引き裂かれてしまうだろう。もしそうなったら、この中で予備のテントをたてることなどまったく不可能だ。考えたあげく、センターポールを外してしまおうと決めた。この風に抵抗するよりも、袋状になって柳のように吹かれているほうが安全だろう。ポールを外すとたちまち、ぼくはテント全体にたたきつけられた。もうテントの中はめちゃくちゃである。ペグが抜け、テント全体が浮きあがってきている。もう自分の体重で支えるしかない。テント全体に押しつぶされ、座っていることさえできない。いったいいつまで続くのだろう。横になってテントにしがみつきながら、なんとかこの布が引き裂かれないことを祈った。朝から何も食べていない。時計を見るともう夕飯の時間だった。が、それどころではない。テントの中に散らばったビスケットを集め、ひとまず口に放りこんだ。

いったいどのくらいの時間がたったのだろうか。ぼくはいつしか疲れはて、テントにくるまったまま寝こんでしまった。目が覚めると朝だった。風はやんでいた。外に出ると、テントのまわりに大きな雪の吹きだまりができていた。空を見あげると、雲間からは青空が広がっている。二十四時間吹き荒れたブリザードが、まるで嘘のようだ。

川は日増しにその幅を広げていった。大きな氷塊がぶつかり合いながら流されてゆく。もうこの川を渡ることはできない。雪解け水が、氷を運びながら濁流になっていた。

川が落ちついてきたある日、はじめて釣り糸を垂らしてみた。そろそろ新鮮な肉が食べたくなったのだ。この川には北極マスがいるはずだ。しかし、引っかかるのは上流から流されてきた木の枝ばかりで、大切なスピナ（擬餌鉤《ぎじばり》の一種）を何枚もなくしてしまった。そればかりか、川べりで昼寝をしている間に、釣り竿の柄のコルクの部分を北極ジリスにすっかりかじられてしまった。釣り竿もスピナも、友人に頼みこんで借りてきたものなのだ。

ベースキャンプを川べりから山の上の見晴らしの良い場所に移した。これがまた一日がかりの大仕事だった。こんな自然の中の生活でも、引っ越しはそれなりに大きな気分転換になる。いうなれば新居を構えたようなものだ。北極圏の天気は気まぐれで、春めいたかと思うとまた吹雪になった。しかし、山の雪も確実に解けはじめている。春の訪れというものは、自然の営みというだけでなく、無条件に人の気持ちをも温めてくれる。

ある日の午後、谷あいの山の上から黒い点が飛び出した。青空と雪の境から次々と黒い点が現れ、やがて一本の線になってきた。しかも、それはこちらに向かっている。はじめて見るカリブーの季節移動だ。四十頭ほどの小さな群れだった。近づくにつれ、雪を踏みしめる音が聞こえてきた。先頭のカリブーが道をつくっているらしい。荒涼とした雪原の中、黙々と進む一本のカリブーの列。

この日から、毎日のように小さな群れが谷を通りすぎていった。すべてが雌の群れであった。デイブが言っていたように、雄のカリブーの移動はずっと遅れるのだろう。ある日、群れの中に、生まれて何日も経っていない子どものカリブーを見つけた。そろそろ出産が始まったのだ。生まれてからの数日間は、子どもにとって、生きのびられるかどうかの大切な時間となる。オオカミやグリズリーが群れの移動を追っているからだ。

あるとき、カリブーの群れがキャンプのすぐ近くを全速力で走りすぎていった。いったいどうしたのだろう……。反対の方向を見ると、グリズリーがそのあとを追っていた。カリブーの子どもにとって、生存の篩《ふるい》にかけられる要因はそれだけではない。群れから離れてしまった親子を、小さな川のほとりに見つけたときのことだ。本当に小さな流れなのに、子どもは怖くて渡ることができない。母親はみずから対岸に渡り、子どもを呼んでいる。足先を水につけ渡ろうとするのだけれど、どうしても決心がつかない。母親はふたたび川を渡り、子どもの顔をなめて元気づけている。ふたたび川を渡り、対岸から子どもを呼ぶ。ほんの十メートルしか幅がない小さな流れなのに、母親はいったい何回同じことをくり返しただろう。カリブーの子どもはついに渡った。はたしてこの子どもは生きのびられるだろうか。なぜならば、この親子の進む方向に、比較にならないほど大きな川が待ちうけているからだ。その後、何頭かの子どもの死体を川岸に見た。自然の中で生きる生命というものは、ときとしてこんなにももろいものかと感じた。

山の斜面に、ところどころ土が顔をのぞかせるようになってきた。土の香りとは、なんといいものだろう。テントを、雪の上から土の上に移した。ぼくはふだんはずぼらなわりに、テントをたてる場所はたっぷり時間をかけて良い場所を選ぶ。太陽、風向き、そして眺めを考えて、最高のベースキャンプをつくりたい。とくに、長い待ちのキャンプを張る場合、これはとても大切なことなのだ。ときには、テントの入口に咲く一輪の花さえ、長いキャンプ生活に疲れた心を慰めてくれることがある。

キャンプの一日は、雪を解かし水をつくることから始まる。朝のコーヒーの香りはなんともいえない。そしてパイプで朝の一服。ふだんの生活では吸わないのに、こういう自然の中での煙草の味はたまらない。朝食前に、三脚とカメラをかついで近くの山にのぼる。白一色だったアラスカ北極圏は消え、少しずつ黒い大地が広がっていた。

キャンプに戻り、ゆっくり朝食をつくるのも楽しいひとときだ。が、そのころには、太陽はもう真昼のような高さで頭上に輝いている。零時近くに最も低くなった太陽は、そのまま地平線上をなめるように動いたあと、午前二時には、ふたたび昇りはじめているのだから。そう、太陽が尋常でない動きをしているわりには、規則正しい生活をしている。コンロに火をつけ、元気のいい音が聞こえてくるとほっとする。こういう生活をしていると、つまらないことがじつに楽しかったりするものだ。テントの中の整頓、コンロのクリーンアップ、週に一度の洗顔、髭ののび具合を確かめること……。数えあげたらきりがない。何よりの楽しみは、古い手紙を飽きもせずに何度も読み直すこと。

あたりまえの話だが、大自然の中での用足しは本当に自然だ。これ以上すがすがしい用足しは絶対にない。現代人の中で、どれだけの人間がこの快感を知っているだろうか。ぼくたちの文化というものは、自分たちの排泄物をできるだけ見ないようにできあがっている。つまらないことかもしれないが、そんなことからさえも、ぼくたちは何かを失っている。

夜になると（太陽は沈まないが）、川岸から集めてきた流木で焚火をした。木のまったくはえないツンドラに、大量の流木を見つけるのは奇妙な眺めであった。雪解けの川の流れに乗って、遠い南の森林地帯から運ばれてくるのだ。焚火は一人でいるときの最良の友だちだ。火をみつめていると、時間が経つのを忘れてしまう。火のそばに寝ころびながら、灰だらけのコーヒーをすする。そして、もう何度読み返したかわからないアルセーニエフの『デルスウ・ウザーラ』のページを繰っていると、これほどぜいたくな時間はほかにないだろうと思われる。

ある朝、いつものように朝食をつくっているとき、山の彼方に、かすかな小型飛行機の音を聞いたような気がした。幻聴かなと思いながらしばらく耳をすましていると、次第にはっきりとした爆音が聞こえてきた。と、ブルース・ハドソンのセスナ185がブルックス山脈の稜線上に現れた。つくりかけのホットケーキも見捨てて、ぼくは走りだした。まさに、ヤッホーという気分。キャンプのすぐ近くの小高い丘にのぼり、力いっぱい両手を振った。ブルースは思いきり低空飛行をしながら頭の上を掠め、石に包んだメッセージを落としていった。紙を開くと、「たくさんのカリブーが山の南側にいる。グッドラック」と書かれていた。ブルースは何度か旋回したあと、あいさつのしるしにウィングを一回上下に振り、ふたたび山の彼方に消えていった。雪解けが始まったこの時期、スキーでも車輪でも、セスナがランディングできる場所はどこにもない。ブルースが来てくれたことだけでうれしかった。

ブルースは腕のいいパイロットだ。

「ブルースがそこに降りられないのなら、アラスカのほかのパイロットはだれも降りられないよ」

「ブルースは、ときどき操縦しながら寝てしまうことがあるらしいよ」

彼についてはいろいろな話がある。ある年の夏のことだ。その日ぼくはフェアバンクスの町でブルースとばったり出くわした。

「明日からブルックス山脈にはいるんで、準備をしてるんだ」と言う。

「今日、同じ方向に飛ぶから急いで準備しろ。乗っけてってあげるから」

ラッキーだ。頭の中の計算機が動く。二百ドルセーブ、と答えを出した。夕方、ぼくたちはフェアバンクスを飛び立った。あわただしい準備に疲れていたぼくは、そのまま寝こんでしまった。一時間も経ったろうか。目を覚ますと、ブルックス山脈の上を飛んでいた。隣を見てびっくり。パイロットのブルースもまた、眠っているのだ。起こしたい気持ちをひとまずおさえ、ぼくはブルースの様子を観察した。殊勝なことに、数分間に一度、薄目を開けて前方を確認していた。

快晴の日が何日も続き、雪解けが急ピッチで進んでいた。ぼくはその日も、カリブーを求め、カメラの詰まったザックを背負って歩いていた。ツンドラの上は水びたしなので、残雪をたどりながら、足を濡らさないように道を捜す。雪の下も、ところどころ深い水たまりができていたり、小さな川になっていたりした。雲一つない晴れあがった空から、太陽の光が燦々と降りそそぎ、大地を暖めている。もう夏至が近いのだ。一日じゅう歩きまわったぼくは、夕方、ベースキャンプに向かっていた。最後の稜線を越えたときのことだ。谷間を見おろしてがくぜんとしてしまった。朝通った谷間全体が川になっているのだ。ここを越えなければキャンプには戻れない。川というより、小さな海といったほうがいい。雪解けの水が一気に流れこんできたのだ。ぼくは、背中のザックを水につけないように両手で持ちあげながら、おそるおそる水にはいっていった。足が締めつけられるように冷たい。十秒もすると、もう我慢できなくなり、あわてて土の上に戻った。かき氷を一気に食べるとおでこが締めつけられるように痛くなる。ちょうどあんな具合に、下半身全体がなったのだ。ともかく渡るしかない。流れは急ではないが、深いところは股までつかった。しばらく行くと怖くなり、引き返すべきかどうか迷った。もう少し行けば立てるだけの島がある。あそこまで行ってみよう。……ちょっとの間、その島で休み、気持ちを落ち着かせた。あたりを見渡し、浅いところを伝っていけないものかと考えた。が、見当がつかない。……とにかく信じられなかった。ツンドラの永久凍土層が水をしみこませないのだろう。ころばないように気をつけなければ。カメラとレンズ一式がザックに詰まっているのだから。……冷たさにも少しずつ慣れ、一歩一歩慎重に足を動かした。……対岸にたどり着いたときは、ぐったりするほど疲れきっていた。

ある日、ふたたび風の強い夜になった。また来たかと思い、外に出てテントの張り綱、ペグをチェックして風に備えた。雪が降ってきた。と、みるまにブリザードとなった。この天気の移りかわりの早さにはまったく驚かされる。寝る前にもう一度外を見ようと、寝袋にはいったままテントから顔を出した。強風が雪を拾い、目を開けていられない。山の稜線で何かが蠢いている。一列になって、たしかに動いている。ぼくはあわててカメラをザックに詰めこみ飛び出した。テントが風に飛ばされないだろうか、と一瞬危ぶんだ。が、気持ちはすでにカリブーの方へいっている。川岸まで行き、三脚を立てて座りこんだ。体が風に飛ばされそうだ。それだけでなく、抵抗など受けるはずのない三脚が、手を離すともっていかれそうになる。いったいなんという風なのだろう。先頭のカリブーの群れは、すでに川を渡りはじめているにちがいない。しかし、地吹雪で何も見えないのだ。夜の十二時をまわっているのにオレンジ色の太陽が真正面に輝いている。白夜の北極圏、太陽はもう沈まない。一瞬、風の切れ目がオレンジ色のベールをぬぐい去り、黙々と行進するカリブーのシルエットが逆光に浮かびあがった。ぼくは飛ばされそうな三脚に体を乗せ、レンズにしがみつくようにしてシャッターを切った。寒さも何も忘れていた。もし自分のアラスカを一枚の写真で見せろと言われたなら、ぼくは今でもこのときのブリザードの中のカリブーを選ぶだろう。

アラスカ北極圏に本当の春が来たようだ。残雪の間から、可憐なワイルドクロッカスが薄紫色のつぼみとともに顔を出している。アラスカ州の花、忘れな草も風に吹かれて揺れている。二十四時間の太陽エネルギーは、北極圏の生命を急速に成長させる。春の最初の使者、ムナグロ、ユキホオジロが渡ってきた。ひき続いて、たくさんのシギ、チドリの仲間も現れた。まだ冬毛を残したライチョウが、絞りだすような独特な鳴き声をあげながら飛びまわっている。みな、夏の間の巣づくりにとりかかろうとしているのだ。ツンドラは生気を帯びてきた。つい数週間前の静けさが嘘のようだ。

ある朝テントから出ると、遠くの川向こうから二頭のグリズリーがこちらに歩いてくるのが目にはいった。まっすぐこちらに向かってくる。撮影をしようと、ぼくはテントの中にはいり、カメラの準備をしていた。気持ちは比較的落ちついている。しかし、カメラを持ってテントを出ると驚いてしまった。二頭のグリズリーは、すでに百メートル近くまで来ているのだ。ぼくがテントの中で準備しているあいだに、全速力で走ってきたにちがいない。ベースキャンプの食料の匂いを嗅ぎつけたのだろうか。ともかく計算が狂ってしまった。グリズリーはなおも近づいてくる。

もう撮影どころではない。両手を振り、大声をあげながら自分の存在を知らせた。突然、二頭のグリズリーは立ち止まり、ほとんど同時に後ろ足で立ちあがった。頭を動かしながらまわりの匂いを嗅いでいる。ぼくが見えないのだろうか。いくらクマは目が悪いとはいえ、ここまで近づいて見えないはずはない。と、二頭のグリズリーは、こちらの存在にやっと気がついたかのように一目散にもと来た方向に走りだしていった。体の力が抜けてしまった。成長した兄弟のクマなのだろう。走る後ろ姿がじつに滑稽だった。ぼくはそれが二つの点になるまで眺めていた。極北の自然の中で、グリズリーは本当に存在感のある動物だ。

夏の北極圏は、時間というものがあまり意味をもたない。太陽は頭の上をまわるばかりでまったく沈まないからだ。一日の区切りをどこにつけていいのかわからなくなってしまう。毎日日記をつけていないと、カレンダーを見ても該当日を見失ってしまう。こんな生活の中でさえ、時計を見て時間をたしかめ、カレンダーを気にしている。もし人間の一生がカレンダーで区切られるものならば、七十歳まで生きるとして七十冊のカレンダーだ。つくづく時の流れの奇妙さを思った。

このころ、夕方のベースキャンプを出て、翌朝まで歩きまわることがよくあった。この時間帯がいちばん気持ちがよく、動物を見る機会も多かった。しかし、カリブーはいつのまにか見かけなくなっていた。別の場所を通ってしまったのだろうか。しょせん広大な北極圏の中でぼくが行動できる範囲などほんの一点にすぎない。いくつかの群れを見ることができただけでも幸運だったのだろう。

歩きながらさまざまな植物を観察することができた。極北に咲く花は、小さくて外見はひ弱だけれども、苛酷な自然条件の中でしっかりと生きている。ツンドラで古い動物の骨や角を見つけると、そのまわりに花が咲いていることが多い。栄養分の少ないツンドラの土壌では、動物の糞や骨は、部分的ではあるが格好の栄養をあたえているのだ。そして数多くの種類の地衣類。このきわめて成長速度の遅い地衣類こそ、カリブーの生存を支え、壮大な季節移動の意味を解くカギなのだ。

数週間前、スキーではいった谷を、今は山靴で歩いている。雪解け水で海のようになった谷間には、今、花が咲き乱れている。カレンダーに記しておいた、ブルースがぼくを迎えに来てくれる日が近づいていた。もう一ヵ月以上、人と話していない。だれでもいいから話がしたい。食料もそろそろ乏しくなってきている。帰ったら思いきり野菜を食べよう、などと毎日食べることばかり考えていた。

ベースキャンプから眺める景色は、来たころとは別世界のようだ。ぼくはといえば、厚い羽毛服を脱ぎ、今はTシャツ一枚きりであった。ブリザードの中を通りすぎていったカリブーの群れは、いったいどこへ行ってしまったのだろうか。

ブルースが迎えに来てくれる日が来た。テントをたたみ、すべての荷物を山からおろす。うれしくてうれしくて、もう朝から浮き足だっている。西の空を見ながら、耳をすましてセスナの音を待った。ほんとうに今日だったのだろうか。ブルースは忘れていないだろうか。待ちどおしかった。人が無性に恋しかった。午後になり、かすかな爆音とともにセスナ185が山の稜線から現れた。やっと帰れる。スキーは外され、車輪でのランディングだ。プロペラが止まり、ブルースが出てきた。

「ミチオ、元気か」

うれしくてたまらない。二人で草原に寝ころびながら、この一ヵ月半のことをいろいろと話した。

荷物を積みこみ、ぼくたちはようやく飛び立った。窓からベースキャンプの位置を改めて確認し、一ヵ月半の間に歩きまわった山々を目で追った。それに続くブルックス山脈の連なりを見ていると、ぼくが垣間見た世界はなんと小さかったことだろう。ヘッドフォンを通して、隣のブルースの声が聞こえた。

「ミチオ、また来たいか」

ぼくはただうなずくだけだった。


後日、その冬のある日、朝刊を広げると見出しの記事が目に飛びこんできた。

「ブルース・ハドソン、ブルックス山脈で遭難」

この日、ブルースはフェアバンクスに帰る途中、ブルックス山脈上空でエンジンに故障をきたし、そのまま墜落してしまったのだ。三日後に空軍のヘリコプターで救出されたブルースは、九死に一生を得た。少し鼻が曲がってしまったが、その後六年間、ぼくたちは何度となくアラスカ北極圏を飛んだ。それからブルースはビジネスを広げ、今はブッシュパイロットではなく、ハドソン航空という会社の社長になってしまった。あの墜落はブルースの人生観を少し変えたようだ。一匹狼だったブルースは結婚し、家庭をもった。今でも毎年会うけれども、セスナ一機で北極圏を飛びまわっていたころの彼が、やはり懐かしい。

氷の国へ——グレイシャーベイへの旅

約一時間かかって組み立てたカヤックを水に浮かべる。山のような荷物を積みこむと、やっと自分が座れる場所だけが残った。オールを荷物の間にひとまず差しこみ、カヤックを思いきり押しながら飛び乗る。座りこむと、全体の重さでほとんど水面と同じような気がした。体を振りながら、カヤックを左右に何度も傾けてみる。かなり安定している。朝から始めて、やっとすべての準備が整った。水面は光沢をもち、まるでガラスのようだ。タイドテーブル（潮の満ち干の時刻表）をもう一度確認する。そろそろ満ち潮が始まるから、潮の流れに乗ってゆける。オールをとり出し、ゆっくり漕ぎだした。一本のオールの真ん中を両手で握り、体の前で8の字を描くようにして左右に漕ぐ。水面を滑るように進んでいくのがじつに心地いい。これから一ヵ月半漕ぎつづけなければならないのだから、ゆっくり行こう。長い間計画していた氷河の海への旅が始まった。

グレイシャーベイ。海抜四〇〇〇メートルにもおよぶフェアウェザー山脈に囲まれ、いくつもの氷河がそこから流れこみ、百キロにもおよぶ複雑なフィヨルドを囲みこむ氷河の海。その昔、山に降りつもった雪が、長い年月を経て氷河となって流れ出し、末端から崩れおちながらふたたび海に帰ってゆく。気の遠くなるような時間をかけた水の輪廻。

グレイシャーベイの奥にはいってゆくには、カヤック以外に方法がない。陸路は三〇〇〇、四〇〇〇メートル級の氷河を抱きこんだ山々に完全に断たれている。複雑に入り組んだフィヨルドの水路が唯一の道となる。ぼくのカヤックはアメリカ製の組み立て式だ。木製の骨組み部とそれをおおうキャンバスの部分に分かれ、二つの大きなバッグにはいってしまう。カヤックの安定度は荷物の重量とある程度比例する。積めば積むほど水に沈む。が、逆にひっくり返りにくくなる。積みこむことのできる荷物の量は、見かけよりかなり多いといっていいだろう。

もしお金さえあれば、ドイツ製のクレッパーが欲しかった。世界最高のカヤックである。もともとは海軍の実戦用に考案されたものだが、強度、耐久性はぼくのカヤックとは比較にならない。組み立てるさいの、細かい接続部分がじつに良くできている。値段約四十万円。フェアバンクスにある山の店先にいつも飾ってあった。この店に行くたびにカヤックに触り、値段を見てはため息をつく。喉から手が出るほど欲しかった。ぼくはそれほど物欲はない方だと思うのだけれど、このカヤックだけは例外だった。さしずめ、子どもがおもちゃ屋の店先で指をくわえながらウィンドーを眺めているようなものだ。ともかく、小型飛行機を使うことが多いアラスカの旅では、組み立て式のカヤックは最高である。

本当にアラスカの自然の懐にはいってゆくには二つの方法がある。一つは自分の小型飛行機を持つこと。この土地で、もし自分に翼があったならかぎりない自由を手にしたようなものだ。アラスカにおいて、車ではいってゆける地域は全体のわずかな部分にすぎない。ほとんどが道のない原野なのだ。自由に空を飛べたなら、なんとすばらしいことだろう。いちばん小さな、二人乗りのスーパーカブがいい。軽くできているため、体の一部のように操縦でき、ほんの短い平地さえあれば、(そしてもちろん腕さえ良ければ)山の頂上にだって降りることができる。車輪にフロートをつければ、無数の湖が散らばるアラスカの大地のどこにでもいくことができる。まだだれも訪れたことのない森の湖に着水し、最初の釣り糸を垂らすこともできるのだ。中古のスーパーカブなら、高価な新車を買うより安いだろう。

アラスカの新聞には、「売ります、買います」という欄が何ページにもわたってある。住民が自分のいらない物を売りに出したりする、いわば使い古しの売り買いの場である。日用雑貨から始まり、車、さらには小型飛行機まである。それほど飛行機というものがアラスカの人々の生活に密着しているということだ。

もう一つの方法は、カヤック、カヌーを使い、川の旅をすることだ。川の旅はいい。水の流れに乗って、自然の懐にはいってゆける。何よりも、その動きかたが自然だ。ところどころに現れるエスキモーやインディアンの村を通りすぎながら、川に生きる人々の生活を垣間見ることができる。アラスカ北極圏を流れる、いくつかの憧れの川――シーンジェック、ノアタック、ポーキュパイン……。いつか、長い長い川旅がしてみたい。

グレイシャーベイの旅で、いちばん怖かったのは水だ。氷河が大量に流れこんでいるこの海は、ほとんど氷点に近い。落ちれば三十分ともたないだろう。どんなに暖かく天気の良い日でも、牙を隠したグレイシャーベイの水には気をつけなければならない。漕ぎ疲れて波間に漂っているとき、厚さ数ミリのキャンバスの下に潜む深淵を感じた。

準備の段階で、最後まで迷ったのがウェットスーツを着るかどうかということだ。何か事故がおきて、泳がなければならなくなったとき、この海の冷たさでは絶対に助からない。ウェットスーツを着ていなければ、おそらく一瞬のうちに体温を奪われてしまうだろう。しかし、最後の段階で、ウェットスーツなしで行くことに決めた。一日じゅうカヤックを漕ぎつづけると、大変な体力を消耗することになる。一回一回のオールの動きは、できるだけむだな力を抜いていかないともたない。それも一ヵ月半の旅だ。ウェットスーツを着た動きにくい状態でそれをすることは、とうてい無理な話である。ともかく細心の注意をもってするしかない。


カヤックの点検は毎朝の仕事だ。骨組みの接続部に破損はないか、キャンバスに裂け目がないか。ともかくこの旅は慎重だった。ある晩、嫌な夢を見た。カヤックを漕いでいるとき、組み立ての接続部分が次々にはずれてきて、カヤックが萎んできてしまうのだ。海の中に引きこまれてゆく瞬間、目が覚めた。グレイシャーベイの自然は、人間に優しいものではない。敵対的というのでもない。何か、人間などというちっぽけな存在を無視した大きな力と、気の遠くなるような時間の流れが支配している。カヤックを漕いでいるとき、どんなに天気のよい穏やかな日でも、ぼくはいつもどこか緊張していた。

旅の一日目は、フェアウェザーの山々は厚い雲におおわれ、陰鬱な天気だった。しかし、風はなく、満ち潮の流れに乗ってかなりの距離をかせぐことができた。悪天候で有名なグレイシャーベイでは、雨が降らない日は良しとしなければならない。まったく、フェアウェザー（晴天）山脈とはよく名づけたものだ。いかにもジョークが好きなアメリカ人らしい。しかし、カヤックの旅は自然でいい。威圧的におおいかぶさってくるようなまわりの自然さえが、どこかで自分とつながっているような気がしてくる。つまり、ここに自分が属しているという感じ。

五月のグレイシャーベイは、まだうすら寒かった。セーターの上にヤッケを着こんで漕いでいるのだが、ほとんど汗をかかない。下は股まであるヒップブーツをはいている。カヤックのコックピットは防水性のカバーをしてあるので、オールの水の滴りは中にははいらない。オールの柄の途中には小さなリングがついていて、そこで水がきれるので手元まで滴りおちてはこない。それでも手は濡れて冷たいので、ぼくは毛の手袋をして漕いでいた。

アラスカに移り住んで二年目としては、かなり思いきった旅をしたわけだ。カヤックの経験などほとんどなかったのだから。ぼくはどういうわけか、何か新しいことをするとき、準備、練習をするというのがどうも苦手だ。いきなり実戦にはいり、その中で失敗しながら少しずつ学んでゆくのが性に合っているようだ。作文を書くとき、下書きを書いてから清書するというのも苦手だった。いきなり本番がいい。なんでもそうだというわけではないが、つまるところ練習は本番と土俵が違いすぎて、どうしても真剣さに欠けるのだ。

流れゆくおびただしい氷塊は、複雑に入り組んだフィヨルドの奥に幾筋かの氷河が流れこんでいることを告げていた。鉛色の海に浮かぶ青味がかった氷塊は、寒々とした風景にいっそう拍車をかけている。海水によって奇妙に削りとられた氷塊は、それぞれが独特な形をしていた。海面下の部分が解けていくうちに重心が逆になり、何度となくひっくり返ってきたのだろう。小さな氷山に近づき、漕ぎながらまわりを一周して見物する。これがまた楽しく、氷の上に上陸したい衝動に駆られる。しかし一見安定してみえる氷山も、水面下はつねに解けており、きわめて不安定で危険なものである。特に大きな氷山には絶対に近づかなかった。がっしりとした氷山が一瞬のうちにひっくり返り、大きな波を引きおこすのを何度見たことだろう。もし近くにいたならば、ぼくのカヤックなどひとたまりもない。

かなり離れた氷塊の上に、大きな鳥がとまっていた。ハクトウワシのようだ。羽を休めているのか、それとも獲物を狙っているのか。カヤックでゆっくりと近づいてゆく。アメリカ本土では絶滅に近いこの国鳥も、アラスカではまだかなりの数が棲息している。さらに近づいてゆくと、ワシは耐えきれなくなったのか、大きな翼を広げて飛び立った。足元から氷片を飛び散らしながら。バサッ、バサッという風を切る音が聞こえた。フェアウェザーの山なみを包みこんだ灰色のベールの中に、ハクトウワシは消えていった。

気持ちの良い小さな入り江を見つけ、ここを一日目のキャンプ地とした。静けさを破られ気分を害しているのか、ミヤコドリがピーピー金切り声をあげながら飛びまわっている。きっとこの近くに卵を産んでいるのだろう。この鳥の英名はオイスターキャッチャー。しかし、アラスカの海には牡蠣（オイスター）がいないのだから、この土地では不適当な名前である。

カヤックを砂浜にあげ、舳先にくくりつけてある三十メートルほどのロープを目いっぱい伸ばし、木に結わえつける。こぢんまりとしてすてきな入り江だ。どこにでもテントを張れそうな砂浜だった。しかし、干満の差が激しいグレイシャーベイでは、満ち潮を想定してテントを張らないと大変なことになる。時計とタイドテーブルはこの旅の必需品だ。

新調したばかりのテントを張る。アラスカの生活の中で、テントは自分の家のようなものだ。一年の半分近くをここで寝食するのだから、消耗が激しいのも無理はない。その後何度となくテントを買いかえなければならなかった。テントだけは金を惜しまず、最高のものを買いたい。家を買うことを考えれば安いのだから。

このテントはフェアバンクスの山の店、クレムで買ったものだ。この店はじつにアットホームな山道具の店で、ぼくの行きつけの店だ。主人のクレムはもう相当の年だが、初期のマッキンレー登頂者でもある。店の雰囲気はクレムがつくりだすものだろう。ひとことで言うと、古き良きアラスカの匂いがするのである。フェアバンクスには、もう一軒山道具を売るスポーツ店がある。こちらはクレムの店よりずっと大きく、同じ品物も少し安い。けれども、どうしてだか少しぐらい高くてもクレムの店で買ってしまう。どうせお金を落とすのならクレムの店に落としてあげたい。商売とは不思議なものだ。

テントを張りおわり、コンロに火をつける。一年の最初のキャンプの日、久しぶりに聞くコンロの元気のいい音は、なんともいえない。今年も始まったなと思う。少し離れた水辺で夕食の準備にとりかかる。この旅で絶対に気をつけなければいけないこと、それはたとえ雨の日でもテントの中で飯をつくらないことだ。すくなくとも五十メートルは離れたほうがいい。グレイシャーベイの旅で水と同じくらい恐れたもの、それはこの地域に棲息するグリズリーだ。ここはサケがのぼってこないのでグリズリーの食料が極端に乏しい。ぼくがキャンプをしなければならない水辺は、グリズリーが食べる物を捜しあるく通り道なのだ。グレイシャーベイでは、アラスカのほかの地域にくらべてクマの事故が多すぎる。

この計画を準備しているとき、ぼくはアラスカ大学野生動物学部の教授、フレッド・ディーンに会いに行った。ディーン教授はアラスカにおけるクマの研究の第一人者であり、大学でのぼくの顧問教授であった。ぼくはグレイシャーベイのクマの状況について話を聞きたかった。ディーン教授は、この数年間、この土地でおきた二つの事件について話してくれた。

一つは、ある写真家がテントのそばに手首だけを残して消えてしまった話。ディーン教授が現場検証をしたのだという。この話は、グレイシャーベイを旅する間じゅう、最後までぼくの頭から離れなかった。もう一つの話はどちらかというとおかしい。浜辺でキャンプをしていた男が、夜眠っているとき何かを鼻先に感じ、目を開けるとグリズリーの鼻だった。恐ろしさのあまり、声も出せず身動きもできないでいると、しばらくしてクマは立ち去っていったそうだ。信じられないような、愉快な、そしてちょっと恐ろしい話である。前の話にくらべると、いささかほっとする話でもあるが。ディーン教授は、「銃は必ず持っていくこと」とつけ加えた。

銃に関しては、アラスカ大学でライフルのクラスを取ったので使いかたはわかっていた。けれども、的を撃つのとはわけが違う。レミントンの12口径を選んだ。これは肩にしっかりと銃を当てて引き金を引かないと、後ろにははね返されるような衝撃がある。しかし銃身が比較的短いので、バックパックのサイドに差しこんで山歩きに持ってゆくことができる。銃のクラスは大学の必修ではないけれど、この土地でフィールド調査をやっていくのなら、銃の使いかたを知らないとどうしようもない。

しかし、クマから身を守るために引き金を引かなければならないというのは、ほんとうに稀なケースだろう。実際は、多くの場合、必要のない距離、状況で引き金を引いてしまっているのではないだろうか。ぼくは後にグリズリーのライフサイクルを追う中で、多くのクマとのかかわりをもった。それにしても彼らはなんと的確にその場の感情を人に対して表現していたことだろう。その瞬間、もし落ちついてクマが考えていることを読めたとすれば、きっとたくさんの無意味な引き金を引かずにすむことになるのではないだろうか。ほんとうに危険な状況と、そうでない状況を判断するということはむずかしいことだが、とても大切なことだ。その後のアラスカの旅で、ぼくは銃を持つということをほとんどしなくなったが、グレイシャーベイの旅ではどんなに心強かったことか。

翌日から天気が崩れはじめた。グレイシャーベイでは晴れあがるほうが稀で、実際この旅の三分の二は雨だった。南東アラスカを流れる日本海流がつくりだす大量の湿気が、フェアウェザーをはじめとする海岸山脈にぶつかって大量の雨を降らせるのだ。濡らしたわけでもないのに、寝袋はいつも湿っていた。しかし、この大量の湿気こそ、南東アラスカに広がるたくさんの氷河と、海岸線まで埋めつくすレインフォーレスト（雨量の多い土地にできる森林地帯）をつくっている要因なのだ。

カヤックの旅のすばらしさは、山のような荷物を持っていても、一度水にはいってしまえば荷物の量などいっぺんに関係なくなってしまうことだ。オールひと漕ぎすれば、十メートルは楽々と進んでしまう。ぼくはできるだけ陸沿いに漕いでいった。岩場や岸辺の風景はどれだけ見ても飽きるということがない。エトピリカ、ウミガラス、ウミスズメなどなど、たくさんの海鳥がカヤックのまわりを飛びまわり、ふたたび元の岩場に戻っていった。

地上からは絶対に近づくことのできない、絶壁に囲まれた小さな砂浜に上陸する。もう一年も前から見つづけてきたグレイシャーベイの地図を砂浜にひろげ、これから一ヵ月半の旅のコースをもう一度確認する。この旅が終わるころは、すでに七月にはいっている。ずいぶん先のことだ。今はその日その日のことしか考えられない。

一週間ほどすると、最初の氷河の末端が見えてきた。すさまじい高さでそびえ立っている。六十メートルはあるだろう。氷河の手前に小さな島があり、そこにカヤックをつけることにした。氷河の末端は、絶えず小さな崩壊をくり返している。島をひとまわりして、氷河と向かいあっている浜辺にカヤックをつける。ぼくがカヤックから出ようとすると、氷河の前面が幅百メートルにわたっていっせいに崩れだした。崩れるというより、剝がれるといったほうが的確かもしれない。大きな爆発音がして島が揺れた。海が大きく盛りあがってきた。小さな津波がこちらに向かってくるではないか。ぼくはどうしていいかわからない。ともかく逃げなければならない。重いカヤックをあわてて浜に引きずりあげた。しかし、もう間に合わない。大きな波は浜辺で崩れおち、そのまま押しよせてきた。ぼくもカヤックもずぶ濡れになってしまった。荷物のほとんどを防水性の袋に入れてあったのが不幸中の幸いだ。波が引いたあとも、動悸がおさまらない。この土地の自然がとてつもなく大きな力で動いていることを改めて知らされた。人間に安らぎをあたえてくれる親しみやすい自然ではなく、あきらめと畏怖の感情を抱かせる強面《こわもて》の自然だ。

この島は、氷河にあまりにも近すぎて撮影には適さない。が、氷河の動きを観察するには格好の場所だった。島といっても十分もあれば一周できる小さな島だ。どんなに大きな波が来ても大丈夫なように、テントを島の盛りあがったてっぺんに張った。ここで数日間すごすことにした。

引き潮で浜辺にとり残された氷の造形は、それは見事なものだった。グレイシャーベイでは、まわりじゅう水に囲まれていながら、飲料水を見つけるのがきわめてむずかしい。そんな中、浜辺にうち上げられた氷塊は貴重な水を提供してくれた。ピッケルで氷を砕き、鍋に入れて火にかける。口に含んでも、特に普通の水と味が変わるわけではない。けれども、過程が過程だけに、何か不思議な気持ちがした。

小さな氷河の崩壊は、ほとんど絶え間なくあり、最初の日に見たような大きな崩壊も毎日一度はあった。長い間観察していると、崩壊の前兆のようなものも見きわめられるようになった。小さな氷塊がさらさらと違う場所から同時に落ちはじめると、その間の前面が崩れおちる前ぶれだ。一つの崩壊は連鎖反応的にほかの崩壊を引きおこし、見える範囲のすべての前面が崩れおちることもあった。氷河は押されながら絶えず動いているのだということが、まるで教科書を見ているようによく理解できた。

夜テントの中で寝ていると、崩壊したときの震動が直接、体に響いてくる。それと同時に、何かが炸裂したような爆発音が暗闇の中のあちこちから聞こえてくる。どこか違う惑星にいるような気がする。

大きな崩壊があると、必ずこの島には大きな波が押しよせてきた。浜辺で氷河を観察しているとき、はじめのうちは氷が崩れるたびに逃げかえっていたのだが、だんだん慣れてくると、逃げなければならない場合とそうでない場合の見分けがつけられるようになった。あるとき、大きな波が打ちよせてきたあと、浜辺に生きた魚が跳ねているのを見つけた。波といっしょにうち上げられたのだ。いつからか新鮮な食べ物を食べていない。魚の種類はわからなかったが、それはどうでもいい。さっそくその晩、魚は味噌汁の具となった。

島を出てふたたび漕ぎだした。何日かして、ぼくはミュア湾にはいっていった。氷塊の数が増え、それも大きなものが目につくようになった。いくつかの氷河がこの湾の奥に流れこんでいる。この大地は、ここ二百年の間に急速に氷河が後退してできた土地だ。入り江の西側の山の斜面は、まるでやすりで削られたように滑らか。氷河が後退していく過程で、岩が研《と》がれたためだろう。光るような岩盤の上から幾条もの滝がシャワーのように流れおちている。引き潮にのって、湾の奥からおびただしい量の氷塊が流されてくる。今までに見たことのない風景だ。湾全体に、さまざまな音がひしめきあっている。氷塊がひっくり返る音、ハクトウワシのつき刺すような鳴き声、崖から流れおちる滝の音、そしてあちこちから聞こえてくるアザラシの叫び声。そこらじゅうの氷塊の上に、アザラシが体を休めているのだ。

ミュア湾の入口から四十キロほどはいったころ、リッグス氷河の末端が見えてきた。これもまた高層ビルのようにそびえている。剝がれおちてゆく氷河の前面は、なぜあんなに青いのだろう。カヤックでこれ以上近づくことが危険なのは、以前の経験からわかっていた。ぼくは岩場にカヤックをつけて上陸した。木も草もない荒涼とした風景だ。比較的最近、氷河が後退した土地であることを物語っている。巨岩があたり一面にごろごろしていて、テントを張る場所さえなかなか見つからない。そうこうしながらやっとベースキャンプをつくり、デイパックに必要なものを詰めて陸から氷河に近づくことにした。

何日もカヤックを漕いだあと、土の上を歩くのは新鮮な気分だ。山に登り、氷河を見おろせる高度をかせいだ。大きなテーブル岩の上に腰をおろすと、リッグス氷河だけでなく、自分が通ってきた水路も見渡すことができた。空から見ると美しい氷河のモレーン（氷河によって運ばれた土砂が堆積してできた堤防状の丘）も、これだけ近くで見るとただの堆積物からなる模様にすぎない。しかし氷河のクレバスの襞はみごとだった。ときおり、氷河全体が軋むような音が聞こえる。

天候の悪化のため、リッグス氷河のキャンプで数日すごすことにした。一週間漕ぎつづけたので、体を休めるいい機会となった。毎日かなりの汗をかいているから、体じゅう垢だらけだ。一週間風呂にはいれないというのはつらいものだが、一ヵ月半ともなると、もうどうでもよくなる。いつも長いキャンプの場合感じることなのだけれど、最初の十日ぐらいはからだ全体が汚れてくるのがわかるのに、ある時期を過ぎるとまったく気にならなくなる。不潔感もなければ、何か体がちっとも汚れていないような気になってくる。

食料もかなりどんぶり勘定で買いこんだため、一度チェックする必要があった。ぼくの場合、長い撮影にはいるとき、一日一日の食料を綿密に計算しながら食料計画をたてることがなかなかできない。ある程度どっさり買いこみ、旅の途中で何度かチェックしながら調整してゆくやりかただ。このやりかたで今までほとんどまちがいがなかった。しかし、今回はちょっと別だ。全体の日数を考えると、若干少ないような気がする。カヤックの準備に気をとられ、どうやらいい加減な食料計算をしてしまったようだ。

特に、ぼくにとっては毎日欠かすことのできない食料である米の量が少ないのだ。コップに米を入れ（これを一合とする）、古いジーパンでつくった別の米袋に移しかえながら量を確かめる。旅の日程を考えると絶対的に足りない。コップに入れる米の量を減らし、日数を考えながら一日に食べられる米の量を何度も確認する。何やら情けなくなってきた。これが旅の後半、うんと尾を引いてくる。食べる量をどんどん切りつめてゆくと、頭にちらつくことといえば食べることばかりだ。

二週間もすると、カヤックは自分の体の一部のように動く。肩に力がはいらず、力をセーブしながらでも長い距離を漕げるようになってくる。漕ぐことそのものが楽しい。六月の中ごろまでには、グレイシャーベイのいちばん奥にあるジョンホプキンス湾まではいりたい。そこがこの旅の最終目的地なのだ。

ザトウクジラやシャチが何度かカヤックのすぐ近くを通りすぎていった。はじめてザトウクジラが現れたときはさすがにびっくりした。海の中から奇妙な音が聞こえてきたかと思うと、黒い巨体が二十メートルも離れていないところから突然、盛りあがってきたのだ。ぼくの視線はほとんど水面のレベルなので、しばらくはあっけにとられて見ていた。四、五頭のシャチが現れたときは、カヤックのまわりをいくつもの三角形の背鰭だけが動きまわり、オールを伸ばせば触れるのではないかという距離だった。シャチはザトウクジラの半分ぐらいの大きさだが、群れを組むとザトウクジラを襲うこともあるらしい。

グレイシャーベイは内海のせいか、時化《しけ》になることはめったになかった。この二週間、あまりに海が穏やかなため、この海は荒れないとてっきり思いこんでいた。けれども、自然はいつまでも優しくはない。

ある日の午後、ぼくはキャンプを張ったあと、二、三時間のつもりで海に出た。荷物がないため、カヤックは軽くて、ひどく不安定だった。少し遠出をして、予定の時間をオーバーしながら帰途についた。暗雲が空をおおいはじめ、天気が変わろうとしていることは一目瞭然である。ぼくはなんの不安もなかった。あと一時間もすれば、テントのある浜辺に着けるのだ。しかし、夕暮れが迫っていたのでカヤックを漕ぐピッチをあげた。

突然、風が吹きだした。海面が振り子のように揺れ、スプーン状の波をつくりながらざわめきはじめるのに時間はかからなかった。風は次第に強さを増し、海面のざわめきは波に変わり、波は白く崩れはじめた。何も積んでいないカヤックは、木の葉のように揺れだした。このときはじめて、自分が危険な状況に置かれていることに気がついた。焦るなと自分に言い聞かせながらも、どうしようもなかった。ともかく一刻も早く最後の岬をまわりこまなければならない。陸は目の前にあるのに、逃げこむ場所がどこにもないのだ。断崖の下の岩場には、すでに大きな波が打ちよせてきて近づくこともできない。

ぼくはひたすら漕ぎながら、後悔していた。波と波の間にはさまれ、カヤックは揺れているだけで前には進まないのだ。一瞬のうちに自然の落とし穴にはまりこんだ。この海に放り出されたりしたら、体温が奪われる前に岸に泳ぎつくことなど絶対不可能だ。「キャンプに帰らなければ」、ただそれだけを考えて漕いだ。

やっとの思いで岬をまわりこむと、波が弱まっていた。夕暮れの中にテントが見えた。助かったと思った。ぼくは一気に漕ぎつづけ、浜にたどり着いた。もう体力の限界だ。あの状況で、悪いほうに考えてゆけばパニックにおちいっただろう。つまらぬ思いを断ち切って、帰ることだけを考え、ひたすら漕がなければならなかった。結果の分かれ目というのは、まわりの状況以上に、ぎりぎりのところでの気持ちの持ちかた次第で決まってしまうのではないだろうか。

厳しい自然の教訓を学んだ一方、グレイシャーベイの旅の中で、最も楽しかったのはギルバート湾での三日間だろう。入り江は複雑な水路をつくりながら、奥深くまで続いている。その入り江の最後に、大きな湖のような湾が隠れていた。珊瑚礁の海のように水が浅く、秘密の楽園を見つけたような気持ちだ。おびただしい海鳥が羽を休めている岩場にカヤックを進めてゆくと、いっせいに鳴きながら飛び立って湾の静寂を破った。ハクトウワシも氷塊の上にとまっている。この旅はじめての快晴となり、ぼくはTシャツ姿で漕いでいた。大きな湾の真ん中に、小さな小さな島が浮かんでいる。漫画に出てくるような無人島だ。ぼくはこの島にキャンプすることにした。どれだけ小さいかというと、周囲を一周するのに十分とかからないのだ。それにもかかわらず、一人前に島の上部にはこんもりと木がはえている。無人島の見本を見ているような粋な島だった。島の上部に、といっても海抜は一〇メートルぐらいの島だが、なんとかテントを張るだけのスペースを見つけた。この夜は久しぶりにクマの心配をせずに眠ることができた。

このギルバート湾には、六月の半ばまでにどうしてもはいらなければならなかった。ここでやってみたいことがあった。この旅の大きな目的でもあるジョンホプキンス湾に行くには、ギルバート湾は少し別の方向に当たる。ここまで来てしまうと、もう一度何日かかけてギルバート湾の入口まで戻り、そこからふたたびジョンホプキンス湾に向かわなければならない。ずいぶん遠回りなのである。

けれどもひと月に一度だけ、それをしないですむ日がある。その月の最も満ち潮の、水位が高い日である。ギルバート湾とジョンホプキンス湾にまたがる陸地に、わずか数時間だけ川ができ、ここを通って反対側に出られるのだ。距離にして約二キロ。

話はグレイシャーベイにはいる前、土地に詳しい人から聞いていた。こんなおもしろいことを試さずにいられようか。あまり予定を立てない旅だったが、タイドテーブルで満ち潮の水位と日にちを確認し、その日までにどうしてもギルバート湾にはいりたかった。しかし、その日の満潮の時刻は、夜中の一時。ということは、真夜中にこの島から漕ぎださなければならない。グレイシャーベイはアラスカでもかなり南に位置するため、夏至のころになっても夜は暗くなる。しかし、幸い空は晴れあがり、満月だった。

その日は夕方から寝て、目覚ましを十時にかけて起きた。テントをたたみ、荷物をカヤックに積みこみ出発の準備をする。夜の海を漕ぐのははじめてだ。少しばかり不安だったが、もう行くことに決めていた。しかし、本当にそんな川など現れるのだろうか。この話をしてくれた人以外に、だれもそのことを知らなかった。たとえ本当だとしても、はたして闇の中でその流れを見つけることができるだろうか。カヤックを押し出し、海に出た。満月が山の肩から上がっていて、月光が水面に揺らめいている。静けさの中で聞こえるのは、ピチャピチャとオールが水をきる音だけ。月の光は明るく、山の輪郭をくっきりと浮かびあがらせている。進んでいる方向もまちがいない。はじめての不安も消え、夜のカヤッキングは最高だった。月光が、現実離れのした不可思議な雰囲気をつくりだしていた。

予想以上に時間がかかり、対岸に着いたときはすでに満潮時になっていた。けれども、ジョンホプキンス湾側に抜ける川が見つからない。地図には点で記してあったのだが、いざ着いてみるとかなりの幅で捜さなければならない。ここだと思ってはいってゆくと、行き止まりの小さな入り江だったりする。せっかくここまで来たのに、満ち潮の間にこの流れを見つけないと、かなりのむだ足を食ってしまうことになる。だが、夜の海を一時間近く右往左往して、やっとそれらしい流れを見つけることができた。幅は五、六メートルほど、考えていたよりずっと小さな川だ。ほっとした。この川が消えるまでにジョンホプキンス側に抜けよう。ちょっと粋な自然のいたずらによって、三日間、時間を節約することができた。が、川を抜けるとどっと疲れが出て、カヤックを岸につけてそのまま眠りこんでしまった。

とうとうジョンホプキンス湾にはいった。ここはグレイシャーベイの心臓部に当たるような地域だ。背後に四〇〇〇メートル級の山々を従え、スケールの大きな氷河が集中している。奥にはいってゆくにつれ、氷塊が海を埋めつくしてきた。まわりを見まわしても、上陸してテントを張れるような場所はどこにも見当たらない。ぼくをとり囲んでいたのは優しい自然ではなかった。ついに海は氷塊で埋めつくされ、ぼくはオールで氷を押し分けながら進まなければならない羽目におちいった。すでに後ろも氷で囲まれてしまい、そのまま進むしかない。カヤックのキャンバスが鋭い氷塊に破られたらそれで一巻の終わりだ。極度に緊張しながら、ゆっくりと進んだ。やっとの思いでキャンプを張れそうな対岸まで漕ぎ寄せた。グレイシャーベイの旅は本当に油断ができない。怖いのはいつも水の冷たさだった。

ジョンホプキンスの風景はすさまじいものだ。海は氷塊で埋めつくされ、氷河の末端からは絶えず氷が崩れおち海に流れ出ている。緑がまったくなく、氷と岩だけの荒涼たる世界だ。フェアウェザーの山々は厚い雲でおおわれ、その下部しか見せていない。それがかえって迫力を加えていた。マッキンレーを中心としたアラスカ山脈は多くのクライマーを引きよせるのに、このフェアウェザー山脈は人が容易に近づくことを許さない。アプローチが海からしかできなくて、山のベースに近づくこと自体が困難なのだ。それに加えて天候が悪すぎる。

ここではごろごろした岩場にテントを張るしかなかった。しかもフラットな場所が見つからない。朝起きると、必ずテントの入口にころがっていた。

しかし、しばらくゆっくりしたかった。グレイシャーベイの最も奥に位置するジョンホプキンス湾まで、なんとか無事にたどり着くことができた。だから、ここではゆっくりとアザラシの撮影がしたいのだ。たくさんのアザラシが、春に生んだ子どもを氷の上で育てている。朝、ピチャピチャと何かが跳ねまわる音で目を覚ますと、アザラシが目の前の水の中から素頓狂な顔をのぞかせていた。

氷が少しひいたある日、カヤックでアザラシの撮影に出かけた。氷の上に寝ている親子を見つけ、ゆっくりと近づく。母親が水音に気づいて頭をあげると同時に、自分の動きを止める。しばらくぼくをみつめているが、こちらが動かないため、安心してまた寝こんでしまう。同じことを何度もくり返しながら、だいぶ近づくことができた。と思いきや、最後のひと漕ぎが強すぎたせいで、カヤックはアザラシの親子の目の前まで来てしまった。レンズは２００ミリの望遠しか持ってきていない。近すぎて、どうしても焦点が合わないのだ。ここで動いたら、アザラシの親子はびっくりして水に飛びこんでしまうにちがいない。ぼくはどうすることもできず、しかたがないので目の前で気持ち良さそうに眠るアザラシの親子をじっと眺めていた。

天気のよいある日、ベースキャンプからほど近いマージェリー氷河に近づくことにした。フェアウェザー山脈より一気に海に落ちこんでいるすさまじい氷河だ。次々と崩れおちてゆく氷河の前面は、陽光を受けて真っ青に輝いている。ブルーアイスというのはこんなに青いものなのか。見あげていると首が痛くなってくるほどの高さにそびえている。

対岸の山にのぼり、マージェリー氷河と背後にそびえるフェアウェザー山脈の日没を撮るつもりでいた。カヤックで対岸に渡ると、氷河からの雪解け水が濁流となってすさまじい勢いで流れていた。あたり一面に散らばっている岩の一つ一つが、とにかくばかでかい。氷河が後退していったときに置きざりにされていったものだろう。マージェリー氷河を見おろすことができる高さまでのぼり、そこに大きな岩のテラスを見つけた。ここで日没を待つことにしよう。

岩の上に寝ころがりながら、テルモスのコーヒーをすする。見おろすと、漕いできたルートのかなりの部分を見渡すことができた。これからは帰り道だが、グレイシャーベイを出るにはあと二週間は漕がなければならない。よくここまで来たと思う。珍しく、雲一つない快晴となった。岩のテラスに三脚を立て、カメラをセットする。欠けはじめた月が山の肩からのぼりはじめる。残照がフェアウェザーの山々をピンク色に染めていった。

旅の三分の二がどうにか終わった。なんとかこれまでは無事にきたが、わずか二年目のアラスカ体験で、グレイシャーベイはとうてい、余裕のある旅ではなかった。自分の力の、ぎりぎりのところでどうにかやっていたようなものだ。

ジョンホプキンス湾を離れた。これからは帰り道になる。幅八十センチ、長さ三メートルほどのカヤックは、もうすっかり体になじんでいた。潮の満ち干の感覚も覚えた。帰りに、来る途中でキャンプをした小さな入り江に寄るつもりでいた。砂浜にミヤコドリの卵を見つけていたので、雛がかえっているかどうかを確かめたかったのだ。浜に着いたのは夕方。両サイドを崖に囲まれた理想的なキャンプ地だ。一日漕ぎつづけたぼくは疲れきっていた。テントを張り、夕食の準備を整えたあと、ミヤコドリの巣を捜しに行った。巣といっても、砂地に窪みをつくっただけの簡単なものだ。しかし、いくら捜しても卵が見つからない。小さな浜のことで見逃すはずはない。おかしいなあと思いながらテントに戻ろうとしてドキリとした。草むらの中の、まだ温かそうなクマの糞が目にはいったのだ。新しいものだった。まわりを見渡したが、ブッシュに隠れて見通しがきかない。が、どこかにいるような気がした。

ディーン教授から聞いた、手首だけを残して消えた写真家の話が頭をよぎった。迷っている余裕などなかった。テントをたたみ、つくりかけの夕食をカヤックに放りこみ、そのまま海に出た。すでに夕陽が沈み、あたりは薄暗くなってきていた。

グレイシャーベイには、氷河の後退により、氷河期以前の木がそのまま露出している場所がたくさんある。真っ白で、まるで化石のような代物だが、まだ天空に向かって厳かに立っている。氷の冷気と圧力に耐え、気の遠くなるような年月を経て、ふたたび太陽の光を浴びたのだ。ある日、この木を撮るために貴重な半日を費やすことにした。なんと、これがこの旅で最大の失敗をしでかす日となってしまった。

ぼくは陸に上がるとき、この地域の激しい潮の干満に備えて、カヤックのロープを必ず木か石に結びつけるのが身についた習慣になっている。しかし、なぜかこの日だけは違った。ロープの先で輪をつくり、水際からかなり離れた岩に軽く引っかけただけで歩きはじめた。旅も次第に終わりに近づいていて、少し気がゆるんでいたのだろう。デイパックをかつぎ、せいぜい二、三時間のハイキングのつもりで山にはいった。

古木は見つかり、撮影も無事終わった。虫の知らせというべきか、急にカヤックのことが気になりはじめた。すでに満ち潮だが、まさかあの岩まで水が来るわけはあるまい。そう思いながらも走るように山を下った。浜辺に着いてがくぜんとした。不安は的中し、カヤックは今や岸から手の届かないところにぽっかりと浮いている。しかも、ゆっくりと流されはじめているのだ。満ち潮が岩まで上がってきてロープが浮いてしまい、あっさりはずれてしまったのだ。今ここでカヤックを失ったら、ぼくは完全に孤立してしまう。陸伝いに帰ることなどまったく不可能だ。すぐに決断しなければならない。迷っているあいだにもカヤックは目に見えて離れてゆく。幸いにも、沈まずに浮いているロープの先まではなんとか泳ぎ着けそうな気がした。ためらっている暇などない。そのまま水に飛びこんだ。一瞬、息が止まらんばかりの異常な冷たさだった。ロープの先をつかむや、岸に泳ぎ着いた。その間、せいぜい二、三分にすぎなかっただろう。だが、海水は冷たさを通りこしていて、全身が締めつけられるように苦しかった。体温が戻りはじめるまでかなりの時間がかかった。この旅を始める前、土地の人から言われた。

「この海に落ちたら十五分でおしまいだ」

それを身をもって体験してしまった。

三日後、旅の最後の目的地、ワチュセット湾にようやくはいった。湾といっても、細長く奥に深い入り江である。この三、四十年の間に急速に氷河が後退していった土地で、植物遷移《プラントサクセション》の過程をつぶさに見ることができる理想的な場所だった。つまり、氷河が後退したばかりの土地に、最初の植物である蘚類《せんるい》が現れ、長い時間と植物のサイクルを経ていつしか森に変わってゆく歴史を見ることができるのである。この湾の奥には、今もなお後退しつづけているプラトー氷河が隠れている。

植物のガイドブックを見ながら、この歴史を垣間見ることができた。湾の入口にハンノキが群生していただけで、中にはいってゆくにつれて木も草も姿を消した。世紀末のような風景が広がりはじめ、別の惑星に迷いこんだような気持ちになる。引き潮がつくった規則正しい模様の砂地がどこまでも広がり、その中にとり残された大きな氷塊が一つ、場ちがいのようにポッンと鎮座していた。生命のかけらすら感じさせない無感動な静寂があたりを支配していた。おそらく、最後の氷河期から解放されたときの地球はこんな風景だったのだろう。

しかし、生命は無意味な時間をもてあますことがない。しばらくすると、確実にそのスタートを切りだしてゆく。一見、何もない荒れ地の中に、ぼくは黄色い花を咲かせたチョウノスケソウを見つけることができた。この土地の植生に関する資料によると、この植物は地中深く根をおろし、生長に必要な窒素化合物を含んだ土壌をつくりだす役目をもっている。ハンノキが、いつしかチョウノスケソウにとって変わり、それもいつかトウヒの森に変わってゆく。つまりそれぞれの植物は、先駆者としての役割を果たし、次の植物のための土壌をつくってゆくわけだ。それには数百年という時間がかかるが、正確で狂いのない、大自然のプログラムなのだ。

カヤックでさらに進んでゆくと、北極アジサシの姿が目につくようになる。空中でホバーリングしながら、ほとんど静止の状態で魚を狙っている。正反対の座標、南極から長い旅を経てこのアラスカにやってきたのだ。最も長い季節移動をする鳥だろう。こんな鳥の糞ですらも、この氷河から解放されたばかりのやせた土地では、植物の生長に必要な貴重な有機物を提供するにちがいない。

ワチュセット湾から戻る途中、気がつくと行く手に何か浮かんでいる。双眼鏡でのぞくと、なんとカヤックだ。向こうも気がついたらしい。お互いに漕ぎながら近づいていった。この旅ではじめて会う、四十日ぶりの人間だ。カリフォルニアから来た若い奴で、グレイシャーベイの入口にあるバートレット湾で夏の間、働いているという。カヤックの漕ぎかたがぎこちなく、全然なっていない。その彼が、「おまえのパドリングはとてもいい」とほめてくれた。一ヵ月以上漕いでいるのだから当然なのだが、やはりうれしかった。

ぼくたちはすぐに意気投合し、夜のキャンプをいっしょにすごすことにした。その夜、ぼくはきっとしゃべりすぎていただろう。だれでもいい、つもりつもった旅の話をただ聞いてもらいたかった。ぼくたちは、バートレット湾に帰ったら、思いきりうまいものを腹いっぱい食おうと約束して、翌日別れた。

グレイシャーベイの旅はいよいよ終わりだ。バートレット湾が近づくにつれ、植相がすっかり変わってきた。ここでは、チョウノスケソウ、ハンノキの時代はすでに終わり、シトカトウヒの森が全盛である。しかし、この天空をつき刺すようなシトカトウヒの巨木も、みずからが落とす針葉によってその土地を最も棲息に不適当な酸性の土壌に変え、いつかは枯死する運命にある。そしていつの日か、植物遷移《プラントサクセション》のクライマックス、ツガの森にとってかわる。バートレット湾の森ではこの図式どおり、シトカトウヒにまじってすでにツガの出現が始まっている。

一見、静かで変化のない森も、けっして止まってはいない。ひとつの森の時代は、その次の時代のステップにすぎないのだ。もしいつの日か、ふたたび地球が氷河期にはいっていったとき、グレイシャーベイの生命のプログラムは、またはじめからスタートしなければならないにちがいない。

長かった氷河の海の旅は終わった。カヤックを陸にあげ、解体した。五月の終わり、カヤックを組み立てたのも同じ場所だった。今はもう七月。バートレット湾はむせかえるような夏草の匂いでいっぱいだ。

オーロラを求めて

アラスカ鉄道の北の終点、フェアバンクス。今日は、週に一度の南への便が出る日だ。アラスカ鉄道はアンカレジ、フェアバンクス間を結ぶ、アラスカ唯一の鉄道である。そして世界でただ一つの、フラッグストップのできる鉄道だ。つまり、手を振ればどこからでも乗ることができ、どこにでも降りることができる。ぼくはこの鉄道が大好きで、毎年一度は用事をつくって乗る。特に冬がいい。人気《ひとけ》のまばらな車内、極寒のアラスカの原野をゴトゴト走る。ただただ白い世界。冬のアラスカ鉄道に乗ると、時の流れが止まってしまう。

出発まぎわに駅に着いたぼくは、山のような荷物のチェックインをすませ一息ついていた。冬の朝、駅にはわずか五人しか人がいない。よほどの理由がないかぎり、冬のアラスカ鉄道に乗る者などいない。アンカレジに行くなら飛行機があるし、ましてや観光客など冬のアラスカにはいない。そして、フェアバンクスとアンカレジの間は、町らしい町もほとんどない。駅の待合室で冷えきった体を暖めながら、ぼんやりと出発までの時間をすごしていた。

いつも感じることだが、冬のアラスカでは、外から室内にはいってしばらくは、頭が冷えきって思考能力がうまく戻らない。途中の交差点にあった温度計がマイナス四十度を示していた。本当にすべてのものが凍りついている。大気さえも空気中の水分が凍りつき、キラキラ輝きながらダイヤモンドダスト現象をおこしている。その中で、機関車から吐きだされる水蒸気は、白い生き物のように舞いあがり、轟音を発して、まるでそれだけが生命の存在であるかのごとくみずからを主張している。

ぼくはこの日、冬のアラスカ山脈にオーロラの撮影にはいろうとしていた。アラスカ鉄道でタルキートナまで行き、そこからセスナにスキーをつけてマッキンレー山の南面にはいる計画なのだ。タルキートナは、アンカレジの北、約百五十キロほどにある小さな村だ。アラスカ的な感覚でいうと町と書きたいのだが、なにしろ、住民は五百人に満たない。今はどうか知らないが、アラスカでは十人集まれば町の宣言ができたのだ。

何年もの間オーロラの撮影をしてきたぼくは、いつのころからか、北アメリカの最高峰、マッキンレー山をバックにしてオーロラを撮りたいという衝動にかられだした。これはまだだれも撮ったことがない。アラスカの写真家の間でもこの話はよく話題にのぼったが、実際に試みる者がいなかったのだ。そのためには、厳冬期のマッキンレー南面に広がる山岳地帯にはいらなければならないからだ。

どこに、どのような方法ではいるかが大きな問題だった。また、厳冬期のアラスカ山脈でキャンプすることは、いちおう、常識外とされていた。風が強く吹けば、体感温度はマイナス百度をこえるだろう。この一年間、マッキンレー山に関するたくさんの写真を検討しながら、撮影に適する場所を地図上で捜していた。アラスカ大学の図書館にもよく通った。アラスカに関する資料は、ほとんどどこの図書館で見つけることができる。そして最終的に選んだのが、マッキンレー山南面から伸びる、トコシトナ氷河末端付近の地域だった。なぜマッキンレー山の南側にこだわるのかというと、オーロラの現れる方角に関係している。オーロラは必ず北の空から現れる。つまりマッキンレー山とオーロラを同じフレームの中に見るためには、山もまた北の方角に見なければならないのだ。

自分の頭の中だけで考え、選んだものの、はたして近くにセスナの着陸できるような場所があるのだろうか。とにかくタルキートナまで行き、パイロットと二人でもう一度計画を吟味しなければならない。ブッシュパイロットのアーニーには、すでに手紙を出してあるものの、本当にすべてが未知数の撮影行であった。けれども、ぼくの頭の中ではすでに夢が発酵してしまい、今さらどんな障害もこの計画をストップさせえないことは、ぼく自身が今までの経験からよく知っていた。もし本当にやりたいことがあって、少しでも可能性があるならば、とりあえず力いっぱい突っこんでみたい。もしはね返されたのなら、それはそれで何かを学ぶことができるはずだ。この旅に関しては、問題はその地域にはいれるかどうかだけだった。寒さは障害でもなんでもなかった。

列車はなんの合図もなしに動きだした。もう午前九時だというのに、夜はまだ明けていない。極北の冬は、長い長い夜なのだ。凍りついたフェアバンクスの町の灯が、白一色の世界に淡く浮かびあがっている。車窓から見える家々の窓には明かりがともり、屋根からは煙がまっすぐに上がっている。極北に生きる人々の一日が始まろうとしているのだ。

ぼくの車両には、若いエスキモーが二人乗っているだけだ。彼らはいったいなんの用事で冬のアラスカ鉄道になど乗っているのだろう。待合室で見かけたギターを抱えた男がはいってきた。もうかなりの年のようだが、長い髪を後ろで束ね、バンダナで結んでいる。ほかの土地ならば、このような男をヒッピーと呼ぶのだろう。しかしこの土地では、アウトサイダーはいないのかもしれない。アラスカという土地は来る者を拒まないかわりに、厳しい自然がその代償を求めてくる。ここでは、型にはまった常識は存在せず、だれもがそれぞれのやりかたで生きていくだけだ。

冬のアラスカ鉄道には、観光客は一人もいない。きっと、みんながそれぞれの生活を抱えてこの列車に乗っているのだろう。一方、ぼくはどうなのだろう。オーロラの写真を撮るために冬のアラスカ山脈に一ヵ月はいる。ぼくにとってはこれが仕事だ。けれども、もしそのことを聞いたなら、だれもがあきれて笑いだしてしまうのではないだろうか。そのあとに、きっと哀れみの目を向けてくるにちがいない。

列車の中は、Tシャツだけにでもなれるほど暖かい。ゆったりとしたスペースの座席に足を伸ばし、まだ明けきらない冬景色を車窓から見ていると、やっと始まったなという思いでいっぱいだ。いろいろな問題はタルキートナに着いてから考えればいい。それまでは冬のアラスカ鉄道をゆっくり楽しもう。

車内の暖かさで、いつのまにかうとうとと眠りこんでしまった。どのくらいたったのだろうか。ガクンと、列車が停車する音で目が覚めた。もう夜は明けている。どうしたのだろう。……と、森の中から犬が現れ、それに続いて橇を曳いた男と少年が出てきた。しばらく見ていると、どうやら列車から家財道具を降ろしているところらしい。犬がそのまわりをうれしそうに走りまわっている。森の奥に、ブッシュの生活（開拓生活）をしているこの親子の家があるのだろう。荷物を降ろしおわると、何事もなかったように列車は動きだしていった。

窓の外に広がる風景は、冷凍庫のように凍りついている。トウヒの針葉樹が白い鎧をまとい、どこまでも続いている。アラスカの自然には箱庭的な美しさはない。けれども、アメリカ本土やカナダの美しい自然がよってたかってもかなわないものがある。それは果てしなく続く未開の大地の広がりだ。地平線の向こうからは、また新たな地平線が見えてくる。

長く暗い極北の冬。この土地に生きる人々にとって、最もつらいのは寒さではない。あまりにも短い日照時間だ。太陽はけっして頭の上には昇ってこない。地平線にやっと頭を出したかと思うと、そのまま短い弧を描きながら沈んでしまう。あとは長い長い夜が支配する。アラスカの冬の生活は、ひたすら春を待つ毎日だ。そして十二月にくる冬至は、人々の気持ちの分岐点になる。なぜならば、この日から日照時間が少しずつ伸びてくるからだ。本当の冬はまだまだ先なのに、人々は一日一日春をたぐりよせる実感をもつ。そんな冬の生活の中で、オーロラは奇妙な安らぎを人々にあたえ、極北に生きていることを確認させる。

オーロラ。この不可思議な自然現象。北の空から現れ、次第にその輝きを増し、まるで生き物のように天空を駆けめぐる冷たい炎。それはまず冬の到来を告げ、その輝きを次第に失いながら春の訪れを知らせてくれる。この不可思議な光をとらえようとして、いったい何年が過ぎただろうか。

はじめてオーロラを見たのは、アラスカ北極圏に海鳥の調査に行った年だろう。アラスカに移り住んで最初の年だ。撮影を始めたのは二年目の冬からだった。最初の冬はただただあっけにとられ、眺めているばかりだった。

ある冬、ぼくはオーロラの前景になりそうなすてきな丸太小屋を捜していた。オーロラを撮影する場合、状況を説明するためにどうしても前景が欲しくなる。カメラを空に向けてオーロラだけを撮っても、この自然現象をうまく伝えることはできない。フェアバンクスでは、多くの人々が自分で丸太小屋を建てて快適に生活している。しかし、撮影条件を満たす家を見つけるのはなかなかむずかしかった。すてきな丸太小屋であること、まわりに家や電線がないこと、住人が協力してくれること等々。やっとのことで見つけたぼくは、その家に頼みこみ、「オーロラが出るたびに、飛んできますから」ということになった。ひどく迷惑な話である。なぜならば、窓からもれる光はオーロラのための長時間露光には明るすぎるので、オーロラが出るたびに家の電気はすべて消してもらい、蠟燭の灯ですごしてもらわなければならないからだ。それでもぼくがあまり熱心なためか、本当に気持ちよく撮影を助けてくれた。

フェアバンクス郊外にあるぼくの丸太小屋も、トウヒの森に囲まれ、オーロラの撮影に適していた。この小屋はアラスカ大学の学生だったころから借りていた。多くの学生は最初の一、二年を寮ですごしたあと、大学周辺の手ごろな小屋に移ってゆく。ぼくもまた、三年目から大学の近くにある丸太小屋に移り住んだ。それからまた一度引っ越しをしたため、今のが二つ目の丸太小屋になる。一ヵ月八十五ドル。これは、物価の高いアラスカでは破格の家賃である。本当に小さな丸太小屋だが、じつに良くできている。この土地で丸太小屋を借りるとき、大切なのは外観ではない。まず調べなければならないのは断熱だ。丸太と丸太の間の断熱を本当にしっかりやっていない丸太小屋は最悪である。冬がすごせないからだ。マイナス五十度の冷気は、どんなにわずかなすき間も見逃さない。

ぼくの丸太小屋の中にあるものは、手づくりの大きな木のベッド、小さな薪ストーブ、古い木の机、ドアが壊れた旧式の冷蔵庫（ゴムで開かないように止めてある）……そんなところだ。水はない。フェアバンクス郊外にあるフォックスという場所へ、湧き水をくみにゆく。冷蔵庫はなんのためにあるかというと、食べ物を冷やしすぎないためにある。冷やすためなら外に置いておけばいい。外はマイナス四、五十度。冷蔵庫の冷凍室でさえせいぜいマイナス十度なのだ。冬の間、何日も小屋に帰らないとき、温度はどんどん下がり外気温に近くなってくる。すべてのものが凍りついてしまう。おかしな話だが、この土地では、冷蔵庫は食料を温めておくために必要なのだといえるかもしれない。

断熱がしっかりしているので、ストーブに薪を二、三本くべれば、部屋の中はたちまちTシャツでも大丈夫なほど暖かくなってしまう。寝る前に、朝までゆっくりと燃えるように空気穴を調節する。電気を消すと、炎のイルミネーションが天井を照らし、パチパチという、薪が燃えながらはじける音が子守歌のように響いたものだ。長く暗い単調な冬の生活の中で、こんなことがたまらなく楽しかった。

調理用のコンロは、キャンプで使うコールマンのバーナー式をそのまま使っていた。水は貴重だ。ポリタンクにくんできた水を、本当に節約しながら使った。食器洗いをいかに少量の水ですますかは、もう職人芸になっていた。蛇口をひねると水が出る生活というものが、いかに大量のむだな水を消費しているかということは、一度その生活から離れてみないと、なかなかわからないのではないだろうか。

この小屋からのオーロラの撮影は楽だった。オーロラが見える夜は、快晴のため、極度に寒い。ぼくは薪ストーブをがんがん焚きながら、外と小屋を往復しつつ撮影したものだ。オーロラの動きが弱まったところを見はからって小屋に戻り、ストーブを抱きかかえるようにして暖まる。からだ全体が溶けてゆくような快感だ。顔や手が焼けるような熱さになると、ふたたび外へ飛び出してゆく。それでも撮影中はたえず手足を動かしていないと、感覚がたちまち麻痺してしまう。カメラにはぼくの吹きかける息が凍りつき、小さなつららがかかっていた。

こんなこともあった。冬の深夜、車でアンカレジからフェアバンクスに向かっていた。ネナナ河を過ぎたあたりから、オーロラが現れてきた。北に向かって走っているので、オーロラは絶えずぼくの視界の中で舞っている。まるで映画を見ながら運転しているような気持ちだ。大好きなマイルスやコルトレーンのジャズを聴きながら、こんな贅沢な時間がほかにあるだろうかと、不思議な気持ちを噛みしめていた。

アラスカ鉄道は、あと二時間もすればタルキートナだ。列車はアラスカ山脈を右に見て走っている。短い冬の一日はすでに暮れようとして、残照が山なみを照らしていた。マッキンレー山は雲に隠れて見えないが、天気は安定しているようだ。このままうまくもってくれればいいがと思った。天気待ちのため、タルキートナで何日も停滞するのは避けたかった。できることならば、明日の朝、一気にトコシトナ氷河まで飛び、ベースキャンプをつくりたい。気持ちが昂揚しているときは、むだな時間をあけず、そのまま撮影にはいりたいのだ。

タナナ河の鉄橋を渡り、列車はタルキートナに着いた。降りるのはぼくだけだ。山のような荷物を貨車から線路の上に投げおろすと、列車はすぐ動きだした。駅といっても何かあるわけではない。すでに日が暮れていて、あたりは薄暗かった。風で頬が刺すように痛く、ものすごい冷えこみだった。暖かい部屋の中で考えてきたこの計画が、いきなり現実にさらけ出されたような気持ちだった。この寒さの中で、これから一ヵ月、雪の上に寝なければならないのか。気持ちのたかぶりとは裏腹に、何か、複雑な気持ちだった。

だれもいない線路の脇に荷物を積みあげ、その上に腰をおろした。いったい自分は何をやろうとしているのだろう。つき刺すような寒さと闇の中にひとりでいると、自分の計画だけが勝手に空回りしているような気持ちになってくる。アラスカ北極圏にはじめてカリブーの撮影に行ったときも、同じような気持ちがした。それでも、カリブーの季節移動をなんとか見ることができたではないか。きっと今度もなんとかなる。

しばらくすると、ヘッドライトをつけたトラックがこちらに向かってきた。ブッシュパイロットのアーニーだ。電話で一度話しただけで、会うのははじめてだった。人の良さそうな感じだ。

このような撮影をやる場合、これはとても大切なことなのだ。パイロットとして腕が確かなことはもちろんだが、気が合うかどうか、こちらのやりたいことをどれだけ理解してくれるかが、多くの場合、計画の成否を決めてしまう。ただ飛ぶだけのパイロットはいくらでもいるが、プラスアルファをもっているパイロットはそんなに多くはない。北極圏のパイロット、ブルース・ハドソンのことが頭に浮かぶ。

今晩はアーニーの家に泊めてもらうことにした。トラックに揺られながら、この冬は例年になく雪が多いこと、新しく建てたばかりの家がとても快適なことを話してくれた。この計画に関しての話は何ひとつしなかった。ときどきトラックが雪にはまりそうになる。深いトウヒの森を抜けてゆくと、彼の新しい大きな丸太小屋があった。

奥さんのキャスィが夕食のしたくをして待っていてくれた。大好きなムースのシチューだ。アーニーがこの秋に獲ったとのことだ。

「当分ろくな物は食えないだろうから、腹いっぱい食べていけ」

「ムースの干し肉もたくさんつくったから、それも持っていくといいわ」

夕食に舌つづみをうちながら、話はムースの狩猟に始まり、このごろ大きな議論をまきおこしていたオオカミの間引き問題にまでおよんだ。ムースのポピュレーションを維持するために、オオカミの群れを小型飛行機から撃ち殺してゆくアラスカ野生生物局のやろうとしているプロジェクトのことだ。アラスカじゅうで大きな論争をよび、つい先日、アラスカ大学で公開討論会がおこなわれたばかりだった。

アラスカの人々にとって、狩猟は生活の一部になっている。ムースやカリブーの肉は食生活の中の一角を占めている。野生動物のポピュレーションを維持するためのマネージメントが必要になってくるゆえんである。それが州政府の機関であるアラスカ野生生物局の仕事なのだが、予算の大部分はハンターからのライセンス料で成り立っている。当然ハンターからの圧力が大きくなってくる。今度のオオカミの問題にしても、ムースのポピュレーションを回復させるために、アラスカ野生生物局は早急な措置をとらざるをえなかったようだ。鉾先を向けられたのがオオカミだった。アラスカ大学でおこなわれた公開討論会で、だれかが野生生物局の担当者に質問をした。

「ムースの数が減ってきた原因は、本当にオオカミの数が増えたからなのか」

「わからない。とにかくオオカミを間引きすることによって結果をみようとしているのだ」

自然は人間などが介入せず、放っておくほうがいいに決まっている。しかし、それは、そこに人間がいない場合の話だ。ムースの数が減っているのならば、マネージメントの鉾先をどうして人間にも向けてこないのだろうか。

ぼくたちはシチューを平らげ、床に寝ころがって熱いコーヒーをすすった。新築の丸太小屋は木の香りでいっぱいだった。荒削りの大きな丸太がむきだしのままで、必要なもの以外は何も見あたらないのに、この家にはなんともいえぬ暖かさがあった。暖炉にはシラカバの幹が元気よく燃えていて、家の中は熱すぎるくらいだった。何も考えないで、こんなふうに火を見つめている時間は、なんともいえないものだ。いっそのこと、オーロラの撮影などやめてしまい、このまま帰ってもいいような気持ちになってくる。外の空気を吸おうと思って、むきだしの丸太でできた重いドアを開けると、外は満天の星だった。星が燦くというのは、こういうことをいうのだろう。そういえば、昔、信州の学生村でこんな星を見たことがあった。けれども、アラスカの夜空の天井のほうがずっと低いような気がした。ひどく冷えこんでいるのに、体が熱すぎるため、ちょうどいい気分だった。ぼくはオーロラが出ていないのに少し安心した。山にはいるまで待っていてくれと、何かに向かって祈りたい気持ちだ。

家にはいると、アーニーが地図をひろげている。ぼくたちは計画の詳細について話しはじめた。マッキンレー山南面から流れ出る二つの大きな氷河、トコシトナ氷河とルース氷河周辺がぼくの考えていた候補地だ。アーニーは二つの氷河が流れこむ谷を指さしながら、ここなら降りられるだろうと言った。しかし、そこでは標高が低すぎる。もっと高い山の上にベースキャンプをつくらなければならない。しばらく話し合ったあと、とにかく空から可能性のある場所を見つけようということになった。

「ところで、もし着陸できた場合、何日ぐらいキャンプするつもりなんだ?」

まだ日数のことは話してなかった。なんとなく言いたくなかったのだ。

「一ヵ月したら迎えに来てほしいんだ」

アーニーは黙りこんでしまった。予想していたことだ。キャスィも急に心配そうな顔になった。アーニーはせいぜい一週間ぐらいと思っていたらしい。しかし、一週間では出るか出ないかわからないオーロラを待つには短すぎる。やるからには、どんなに大変でも撮って帰りたいのだ。

「ミチオ、真冬のアラスカ山脈にはいる奴なんて今まで聞いたことがない。マイナス五十度まで下がるんだ。それだけでも危険なのに、ひとりで一ヵ月は長すぎる」

これまでぼくがアラスカでやってきたことを説明しながらアーニーを説得しなければならなかった。長い間計画し、準備したことだ。それに百パーセント安全な旅などありはしない。アラスカではどんなことでも、自分自身で経験し、学びとっていかなければならない。結果がどうであれ、それだけがこの土地を理解するための方法だ。

翌朝は風もなく、飛行には申し分のない日となった。アーニーは、ときどきぼくのベースキャンプをチェックするということで、一ヵ月という期間を了承してくれた。タルキートナの小さな飛行場（と呼べればの話だが）には、数機の小型飛行機が凍りついたように並んでいた。霜で真っ白になり、まるで冷凍庫の中のようだ。一ヵ月分の装備を一回の飛行で運びたかったが、それは無理のようだ。カメラ機材、テントを含めたさまざまのキャンプ用具、一ヵ月分の食料、山スキー、スノーシュー……。どれもこれも、削ることができない装備ばかりだ。そのうえ、飛行機はいちばん小さなスーパーカブで飛びたかったのだ。わずかな場所にぎりぎりのランディングをする場合、飛行機は小さければ小さいほどいい。スーパーカブは、前にパイロット、後ろにひとり乗るだけの、本当に軽量の小型飛行機だ。当然、荷物の積載能力も制限されてくる。

スーパーカブのエンジンは完全に冷えきっていて、プロペラが回りだすのにかなり時間がかかった。シートベルトを締め、ヘッドフォンを頭にかぶってマイクのテストをする。飛行中はこうしないとエンジンの音で話がうまくできないからだ。なんとかランディングする場所が見つかればと、祈るような気持ちだった。荷物がぎっしりと詰まったスーパーカブは、滑走路を最後まで走り、やっと飛び上がった。何やら最初から冷や汗をかいている。眼下には、凍りついたタナナ河が蛇行しながら大地を刻んでいる。その果てに、アラスカ山脈が屛風のように連なっていた。マッキンレー山頂は、あいかわらず雲に隠れて見えない。

厳冬期に、アラスカ山脈を小型飛行機で飛ぶのは二度目であった。前の年の十一月、ぼくはマッキンレー山の空撮をするために、やはりタルキートナから飛んだことがある。アラスカ山脈に近づいたとき、急にエンジンの音がおかしくなり、急いで引き返さなければならなかった。パイロットに、「どうしたんだ」と聞いてもわからないと言う。「タルキートナまでもつか?」と聞くと、「指をからませてろ!（幸運のおまじない。中指と人さし指をからませる）」などと言う。ぼくは本当に手に汗を握ってエンジン音が止まらないことを祈っていた。あのときのことが脳裏をかすめる。厳冬期の飛行は、気温が低すぎてエンジンに何がおこるかわからない。

しかし、こういう小型飛行機の場合、何かあっても大けがするぐらいですむ可能性が強い。速度を最小限に落としながら墜落すればなんとか助かるかもしれない。大型ジェット機の場合は何かあったら助からないが、この場合は一流のメカニックが十分な点検をしていると思うのでまあ安心できる。怖いのはその中間の航空会社だ。アラスカにはこの手の飛行機会社がたくさんある。十人から十五人ぐらいの客を乗せて、小さな町と町の間を飛んでいる中規模の航空会社である。これが怖いのだ。飛行機もどこからか中古で買ってきたのを使っているし、メカニックの点検にも不安が残る。

ある年、エア・ノースというこの手の航空会社の飛行機に乗ったときのことだ。機体は塗装も剝げていて、ジーパン姿のパイロットが運動靴をはいて乗ってきた。「行くぞ!」という調子なのだ。安全に飛んでさえくれれば、別にここまでのことで文句を言う筋合はない。客は十人前後乗っていた。離陸してしばらくすると、窓際に座っていたぼくは、ウィングから何か液体が漏れているのに気がついた。隣の座席の客に、「あれはいったい何だろう?」と聞くと、身を乗り出して窓から外を眺めながら、「あれはまずいんじゃないかなあ」と言っている。しばらくすると機体はUターンをしながらフェアバンクスの空港に引き返した。何がおこったのか結局わからなかったが、その後二時間近くかけて何やら修理をしてからふたたび飛び立った。フェアバンクスでは、このエア・ノースという航空会社のことを、スケエア(Scare・恐怖)ノースと呼ぶ人がおおぜいいる。

アラスカ山脈がぐんぐん近づいてきた。ぼくはマッキンレー山南面に連なる山群に、ハンティントンという山を捜していた。ぼくのいちばん好きな山である。そしてきっと、アラスカで最もピークをきわめるのがむずかしい山だろう。四〇〇〇メートルに満たない山だが、頂上からどの方向も切れ落ちている。学生のころ、神田の洋書専門店で"Mountain of My Fear"という本を見つけた。ハーバード大学山岳部のパーティが、この山の初登頂に挑んだ記録である。初登頂は悲劇的な結末になるのだが、この本の見開きに載っていたハンティントンの写真が印象的だった。特にナイフのように一気に頂上まで伸びる北西稜はみごとで、こんな美しい山があるのかと思ったほどだ。アラスカに来てから、ジェット機でこの山域にさしかかるときでさえ、窓からこの山を捜すのが癖になっている。

　トコシトナ氷河が見えてきた。高度を落としてゆき、ランディングの可能性がある場所を捜しはじめた。アーニーが言ったように、氷河が押しだされている谷には、比較的楽に着陸できそうだった。しかし、もっと高い位置にキャンプをつくらなければアラスカ山脈全体が見渡せない。氷河の対岸に小さな山なみがあり、着陸の可能性をさぐることになった。しかし、良さそうなところだと思って高度を落としてゆくと、ランディングには不可能な山ばかりだった。二人ともすでにマイクを使わず、エンジン音の中で、前と後ろでどなり合いながら山の中を飛びまわっていた。アーニーが、

「あそこはどうだろう！」

と、山と山の間にできた小さな凍結した湖を指しながら高度を落としはじめた。フラットで着陸には良さそうだが、滑走できるだけの十分な大きさがあるだろうか。アーニーは高度をぐーっと落とし、ほとんど地上すれすれで飛びながらランディングの可能性を確かめている。

「いけそうだ。着陸するぞ！」

と叫ぶと、もう一度大きく旋回し、機首を立て直しながら着陸態勢にはいった。フラットに見えた湖も凍結した湖面は凸凹《でこぼこ》で、ぼくたちは何度かバウンドしながらやっと止まった。プロペラが止まると、ヒューーッという高山に特有の音が聞こえた。

「ここはどうだ!?」

「あの山にのぼって、どんな眺望が得られるか見てみよう」

ぼくたちはスノーシューをはき、すぐ近くの小さな山にのぼりはじめた。雪が深くて、スノーシューがなければ腰まで埋もれてしまう。のぼりながら、ここはいいベースキャンプがつくれるという気がしていた。山と山の間にはさまれているので、風が避けられるだろう。息せききって頂上に着くと、アラスカ山脈がずらりと目の前に並んでいるではないか。「ここだ！」と思った。六一九四メートルのマッキンレー山は正面にあり、その横に五三〇四メートルのフォーレイカー山をはじめ、四〇〇〇メートル級の山々がいくつもそびえ立っている。しかしマッキンレー山はでっかい。この山はひとつの山のボリューム（つまり麓から頂《いただき》までの大きさ）としては世界一で、エベレストより大きいのだ。

ぼくたちは湖まで戻り、荷物を飛行機から降ろした。アーニーは、残りの荷物をタルキートナまで取りに行くため、すぐに飛び立った。ぼくは小さな橇で装備を運びながら、頂上直下にベースキャンプをつくった。ここなら風を防げるし、撮影するときは少しのぼれば頂上だ。一時間ほどして、アーニーが残りの装備を積んで戻ってきた。これですべてＯＫだ。

「食料と燃料は十分だな？」

「大丈夫。一週間分の余裕はみてある」

「今日は二月十五日だから、三月十五日に迎えに来る」

「ぼくのこと忘れないでくれよ」

アーニーは笑っていた。北極圏のブッシュパイロット、ブルース・ハドソンの好きだったジョークを思い出す。――「俺は毎年クリスマスになると、だれか迎えに行くのを忘れた客がいるかどうか、カレンダーをもう一度チェックするんだ」――とんでもないジョークである。

アーニーのスーパーカブは、荷物を降ろして軽くなったのか、それほど滑走もせずに飛び上がり、まっすぐタルキートナに向かって消えていった。日が暮れる前にキャンプの設営をしなければならない。ぼくは湖の上に積み上げられた荷物を橇の上に乗せ、ベースキャンプに運んだ。

あっという間に夜になった。陽が沈むのと同時に、気温が急激に下がってくるのがわかる。ランタンに灯をともす。とにかく寒い。疲れていて夕食をつくる気にはなれず、キャスィがくれたムースの干し肉をかじる。これがなんともうまかった。雪を解かして沸かし、コーヒーをつくった。オプティマスのコンロは二つ持ってきた。予備がないと、もし一つがだめになったらどうしようもなくなる。けっしておおげさではなく、コンロの調子は命にかかわってくる。

日記帳のカレンダーを見ると、一ヵ月という時間が途方もない長さのように思えてくる。これが夏であればなんでもない。しかしこんな寒さの中で、オーロラをただじっと一ヵ月も待つのか。寝袋にもぐりこみ、体を暖めよう。寝袋は、羽毛と化学繊維の二種類をダブルにして使う。これは正解だった。どんなに高価な一つの寝袋よりも、このほうが暖かいだろう。もちろん着るものはすべて着こんだ。何か巨大な蓑虫のようであった。寝袋の顔のまわりには、すでに薄い氷が張っている。一ヵ月という時間がなかなか頭から離れない。自分は何をしようとしているのだろう。オーロラの写真が撮りたいのはわかる。しかしこれが自分の仕事なのか。だれに頼まれたわけでもない。何がなんだかわからなくなってくる。

なかなか寝つけなかった。まわりに高山の気配があった。じっとしていると自分の心臓の鼓動を感じる。何か少しずつ気持ちがふっきれてくる。必ず撮って帰ろう。

二月十六日　ベースキャンプ設営。

この日はキャンプのまわりを整えた。雪を掘り、トイレ、ごみ捨て場をつくる。一晩ですべての食料が凍った。困ったのは、卵にひびがはいり石のようになってしまったことだ。食べるときは、卵を寝袋の中に入れて長い間温めなければならない。冬のキャンプでいいのは肉を保存できることだ。そしてクマの心配をしなくてもいい。あと二ヵ月は冬ごもりの穴で眠っているだろう。カレーライスを山ほどつくる。四日間は食べられるだろう。

二月十七日　夕方、日没撮影。フィルムのカウンターがおかしくなる。

二月十八日　雪。

二月十九日　夜、快晴。思ったとおり、マッキンレー山の後ろからオーロラが現れてくる。薄すぎる。惜しいことに、マッキンレー山がシルエットになり、あまり迫力がない。やはり雪山として浮かびあがらねば。

このころから気がついたのだが、マッキンレー山を撮るためには月光が必要なのだ。それも満月では空が明るすぎ、オーロラが消されてしまう。つまり、半月、快晴、オーロラと、この三つが重なる日でなければ、ぼくが考えているような撮影はできない。

二月二十日　ともかく月を待つのみ。粘れ！

二月二十一日　絶好のオーロラ日和。快晴である。しかし夜二時まで待つがオーロラ出ず。
"Endurance"すばらしいノンフィクション。

"Endurance"は、前から友人に読むよう勧められていた本だ。とうの昔に絶版になっているが、この本の話はいろいろな人から聞いていた。"Endurance（忍耐）"とは、一九一四年、アーネスト・シャクルトンを隊長としてノルウェーを出た南極探検隊の船の名前である。船は南極近海で氷にはさまれて座礁する。物語は、シャクルトンを隊長とした二十八人の隊員が、それからの半年間、南極海を小さなボートで漂流しながら生還するまでの記録だ。シャクルトンのこの旅は、アムンゼンやスコットに隠れてほとんど知られていないが、本当に信じられないストーリーだ。極限の状態に置かれた隊員の、心の動きがとても興味深かった。英語を読むのが遅いぼくが、ものすごいスピードで読み終えてしまったのだから、いかにおもしろかったかがわかる。この本の第一ページは、次の言葉で飾られていた。

In appreciation for whatever it is that makes men accomplish the impossible.

（人間に不可能なことを成しとげさせる何かに感謝を捧げて）

二月二十二日　快晴。薄いオーロラ出るが、山が浮かびあがらず。

二月二十三日　快晴。月が出たときにこのような良い天気になればよいが。夜、ランタンの下で、"Endurance"を読み終える。

暗い灯油ランタンの下で毎晩読んでいたため、目をずいぶん悪くしてしまった。

友人のKが、このころはじめての赤ちゃんをもとうとしていた。Kはぼくと同じ年に日本からアラスカに来た。アラスカ大学で地球物理学を専攻する博士課程の学生だった。何年かして結婚し、嫁さんを日本からアラスカに連れてきていて出産の予定日がもうすぐなのであった。この旅が終わってフェアバンクスに帰るころには、Kはすでにおとうさんになっているだろう。ぼくたちは子どもの名前を考えながら、もし女の子が生まれたらローラにしようと話していた。アラスカで生まれるのだから、何かこの土地にかかわりのある名前をつけたかったのだ。（つまり、オーロラからとったローラである）

二月二十四日　どうやら右足のつま先が軽い凍傷になったようだ。夜、痛くて眠れず。さあ、あと一週間で半月だ。風邪をひく。

こんな無菌状態の中で、なぜか風邪をひいてしまった。これだけの寒さの中で風邪をひくというのも珍しい。

二月二十五日　熱っぽいため、一日じゅうテントの中で眠る。夜十一時ごろ、オーロラ激しく舞う。マッキンレー山見えず。

二月二十六日　風邪なおる。凍傷の膿を出す。

もういいころだと思って針で突っつくと、どす黒いものが流れ出た。

二月二十七日　快晴。スキー。春山のようだ。夕方より少しずつ雲が出てくる。月が出る！

さあ、これからだ。

太陽が出ているあいだは、できるだけ外ですごすようにした。長い夜をすごすために、気分転換は大切なものだった。クロスカントリースキーをはき、近くの山々を歩いた。日没が近づき、ベースキャンプが山の影に隠れてくると、気温が急激に下がっていった。快晴の夜は、オーロラが見えるかもしれないので、二時ごろまでは起きていなければならない。いつも朝が待ちどおしかった。夜は寒さのため、熟睡できたためしがない。目が覚めるたびに、時計を見て朝を待った。時間の流れがこんなに遅く感じられたこともない。

二月二十八日　まだ三日月だが、その光がすでに影をつくりだした。月の光とはこんなに明るいものか。

この旅には、"Endurance"を含めて何冊かの本を持ってきた。その中に日本の雑誌が一冊あった。この雑誌の中に、何度見ても飽きないページがあった。紀文のおでんの広告ページである。できたてのおでんがぐつぐついいながらそのページから匂いを発していた。人間の想像力というのはたいしたもので、ぼくはほとんどおでんを食べたような気持ちになっていた。

三月一日　半月に近づいてきた。あとは幸運を祈るだけだ。

三月二日　やった！　すごいぞ。三ロール撮る。すごいオーロラだ。数ショットであるがマッキンレー山もいっしょに撮った。さいさき良い三月のグッド・スタートだ！

この日は朝から快晴だった。月はほとんど半月で、この二、三日が勝負だと思っていた。六時過ぎ、北の空に一条の青い光が浮かびあがった。マッキンレー山は雲ひとつなく、その全容を見せている。半月の淡い色が雪面を照らし、夜のマッキンレーを浮かびあがらせていた。これほど毎日、月の動きをみつめつづけた日々もなかった。この時間にオーロラが出ているということは、きっと強いオーロラになってくるだろう。

今夜はとうぶん帰れないだろう。ザックの中に行動食をたっぷり詰めこんだ。はやる気持ちをおさえ、撮影の準備をして山に登った。山頂に三脚を立て、カメラをセットした。すでに一台のカメラは動かなくなっている。残っているのは予備に持ってきたこのカメラと、あとは6×7の一台だけだ。頼むから今夜だけは動いてくれという気持ちだった。

オーロラは徐々に全天に広がりはじめたが、薄く広がりすぎている。ぼくは雪の上に腰をおろし、オーロラの動きを待った。気温はマイナス四十度ぐらいまで下がっているだろう。しかし風がないのが救いだ。ぼくは着られるだけ着こみ、フードをかぶって雪の上に横になった。ポケットから飴をとり出してしゃぶった。寒さの中で、この甘さが何ともいえない。マッキンレー山、フォーレイカー山をはじめ、四〇〇〇メートルから六〇〇〇メートル級の山々が月光を浴びて目の前に並んでいる。青白い北極の光が、少しずつ形を変えながら舞いはじめた。現実ではなく、夢を見ているような気持ち。

この広大なアラスカ山脈の中で、月とオーロラを眺めている生物は、まちがいなくぼくしかいない。大きな舞台を、たったひとりの観客として見ているような気がしてくる。風もなく、あまり静かなので、オーロラの舞う音が聞こえてきそうだ。

十時過ぎになり、オーロラの動きが急に激しくなってきた。一気にピークになる前兆だ。撮影が始まった。オーロラの撮影は長い露出をかけなければならない。シャッターは開きっぱなしにして、頭の中で秒数を数える。一、二、三……オーロラがあまり動かないように……四十秒、祈るような気持ちでシャッターを切る。光の帯は北東から北西に動きはじめた。もっともっと伸びろ。マッキンレー山までもう少しだ。オーロラはついにマッキンレー山の上に現れ、カーテン状に降りそそいでいる。慎重に、ゆっくりとフィルムを巻き上げた。これだけ気温が下がると、フィルムはパリパリと、簡単に切れてしまう。本当になでるように巻き上げなければならない。二枚撮り終えると、オーロラはすでにマッキンレー山の上からは消えていた。

強いオーロラが、アラスカ山脈北東上空に現れた。と、みるみるうちに竜巻状になり、秒単位で形を変えながら全天に広がろうとしている。突然、光の色が青からピンクになった。かと思うと、異常に輝きを増してきた。光の動きはあまりに激しく、気が狂ったかと思われるほどだ。一瞬、まわりの雪面がオーロラの光を受け、昼間のような明るさになった。美しさを通りこして、恐怖感に襲われた。逃げだしたいような気持ち。それをぐっとこらえて撮影を続ける。もう寒さも何も感じない。しかし、すでに指がうまく動かず、一本のフィルムを交換するのにひどく時間がかかってしまった。

オーロラのエネルギーはピークにたっしようとしている。光の渦は、次第に天頂に集まってきた。これからどうなるかはもうわかっている。コロナという現象が、強いオーロラ活動の最後には必ずくる。……光の中心が天頂にくるのと同時に、音もなく爆発し、まるで巨大な線香花火のように光の帯が天空にとび散った。みごととしか言いようがない。極光は、最後の力を使いはたしたかのごとく輝きを失っていった。

ぼくはしばらく茫然としていた。時計を見ると、もう午前一時を過ぎている。急に全身の力が抜け、体がすっかり冷えきっているのを感じた。カメラも三脚も、素手では触れないほど冷えきっている。指がくっついて離れなくなってしまうのだ。早くベースキャンプに戻り、温かいものを飲みたい。頂上からおりながら、ようやくうれしさがこみあげてくる。テントにころがりこみ、オプティマスの小さなコンロに火をつけた。あいかわらず、ゴーゴーと元気のいい音をたてて燃えてくれる。ほっとした。十センチ四方のコンロの火を、感触のなくなった手でおおうようにして暖まった。指の先から、からだ全体に暖かさが広がってくる。こんなに動きが激しく、強いオーロラは見たことがなかった。オーロラを見て恐怖感を抱いたのもはじめてだ。露出は大丈夫だったろうか。オーロラ撮影の露出は勘に頼るしかない。「大丈夫だ。きっと撮れている」「これまで何年もの間オーロラを撮ってきて、どうして今夜、失敗することがあろうか」と、自分に言いきかせた。鍋に入れた雪はすでにお湯に変わり、沸騰していた。熱いコーヒーをすすると、生きかえったような気持ちになった。

その後の一週間、天気は崩れ、雪となった。結局、一ヵ月のキャンプの間、撮影できたのは三月二日の一日だけである。快晴の夜、マッキンレー山が姿を現し、オーロラが出て、しかも半月の夜はたった一日だけ。ぼくは本当にラッキーだった。

アーニーのスーパーカブは、悪天候のため一日遅れでやってきた。タルキートナに戻ると、アーニーが開口一番、こう言った。

「洗面所の鏡で自分の顔を見てみろよ」

ぼくの顔は、一ヵ月の間にランタンの煤で真っ黒になっていたのだ。それはもうみごとなくらい真っ黒だった。

フェアバンクスに帰り、Kに女の子が生まれたことを聞いた。名前は、「朗蘭」と書いてローラと読ませることにしたという。そのあとの話を聞いてびっくりしてしまった。朗蘭《ローラ》が生まれたのは、なんと、三月二日だったというのだ。

北極への門——ブルックス山脈の山旅

リンクス（オオヤマネコ）はトウヒの森の中にいた。撮影はまず不可能だろう。夕暮れが迫っている。いつか出会えたらと思っていたが、とうとう現れた。オオカミと同様、野生の深淵に生きるもの。想像していたよりもはるかに大きく、四肢が長い。北極ジリスかノウサギを捜しているのか、森の中をとびまわっている。跳躍の見事さ、やわらかな身のこなし。まるで無声映画を見ているように、動きに音がない。妖精の飛翔。

ぼくの存在に気づいていないのか。そんなことがあるだろうか。ザックを背負ったまま草の中に身を隠した。リンクスのもつこの異質な美しさはいったいなんだろう。極北の、唯一のネコ科の生き物だからか。童話の世界から抜けだしてきたようだ。あたりは次第に闇に包まれようとしていた。リンクスは、明らかに一度見つけた獲物を捜していた。同じ場所を行ったり来たりしている。ぼくはこの不可思議な生き物の動きに見とれていた。撮影のことを考えず、自然をみつめている時間は、なんと別世界なのだろう。リンクスの動きが止まり、視線が合った。目をそらすことのできない、張りつめたような時間だ。写真を撮りたいと思った。すでに暗すぎることも忘れ、手もとのカメラを引きよせた。気がつくと、極北の妖精はトウヒの森の中に消え失せていた。ぐるりととり囲むブルックス山脈から差しこんでいた、ほのかな残照も消えかけていた。

秋のアラスカ北極圏。内陸エスキモーの村、ベセルから飛び立ったセスナは、色づきはじめたブルックス山脈の上を飛んでいた。ツンドラの赤とアスペンの黄が、モザイクのように山を埋めつくしている。谷あいを流れる川がやわらかな午後の陽を浴びて光り輝いている。アラスカ北極圏を東西に横切るこの山脈は、原始性を秘めた手つかずのアラスカである。未踏の山なみが、未踏の谷を抱きながら襞のように続いている。

フロートをつけたセスナはアラトナ河が流れる広い谷にはいってゆき、サークルレイクと呼ばれる小さな湖に着水した。長い山歩きなのでかなり装備を切りつめたつもりだったが、すべて背負って歩くことを考えると大変な量であった。荷物を降ろしおわり、パイロットがぼくに聞いた。

「ライフルを持ってこなかったのか」

「うん、大丈夫だから」

パイロットは肩をすぼめて笑っていた。地図をひろげ、現在地を確かめ、そして迎えに来てもらう日を確認する。

「三週間たったらまた会おう」

セスナは水しぶきをあげながら飛び立っていった。深い静寂の中で、アラトナ河の流れる音がかすかに聞こえるような気がした。紺碧の空、ひきしまった大気。秋がぼくのまわりを埋めつくしていた。深呼吸をすると、かすかな冬の匂いがした。時計を見ると、日没にはまだだいぶ時間がある。しかし、何を急ぐことがあるだろう。予定のない山旅、三週間という時間。ぼくは今夜の野営をここですることにした。

一九八一年八月、ぼくは西部ブルックス山脈に広がるGate of the Arctic（北極への門）と呼ばれる山域にはいろうとしていた。秋から冬に移りかわろうとする、ブルックス山脈の撮影が目的だった。一九八〇年十二月二日、当時のカーター大統領はアラスカ土地保護条約に調印し、全体でカリフォルニア州より大きな土地が、新たに国立公園、野生生物保護区として指定された。この土地もそのひとつであった。

アラスカは、得体の知れぬ大きな渦に巻きこまれていた。世界最大級の油田の発見、巨大な資源開発の可能性は、それにともなう自然保護運動、先住民土地請求権運動の流れの中で、いったいアラスカはだれの土地なのかという素朴な疑問をつきつけていた。そして、一九七一年に調印されたアラスカ先住民土地締結条約により、アラスカは複雑に三つの所有者に分けられた。つまり、国、州、アラスカ先住民であり、それぞれが六十パーセント、三十パーセント、十パーセントのアラスカをあたえられた。これから三週間をかけて旅するこの土地は、そんな中で新しく国立公園に指定されたのだ。国立公園といっても、ただ八百万ヘクタールという広大な土地が地図上で区切られただけの話である。

テントを張りながらパイロットに言われたことを思い出していた。「ライフルを持ってこなかったのか？」この土地に生活している者ならばだれもが考えることだろう。もちろん、クマのことである。アラスカでは、長いあいだ山にはいるとき、銃を持たないというのは非常識きわまりない話にちがいない。この土地では、クマはどこにでもいると思っていい。ぼくはライフルの使いかたも知っているし、一年間大学でクラスをとったのだから、けっして下手なほうではない。銃を持っていかないということに関して、だれもがそうすべきだという信念があるわけでもない。実際、これまでの北極圏の旅で、自分自身が何度か銃を持っていったこともある。ある年、北極圏全体で狂犬病がはやったことがある。このときは、どうしても銃を持たなければならなかった。この病気に感染したオオカミ、キツネは頭が狂っているため、人間に近づいてくることがある。そういう場合、必ず撃ち殺さなければならないからだ。そんな旅をのぞけば、銃の必要性を感じたことは一度もなかった。最近は装備の計画を立てながら、結局、最後には削ってしまう。装備が多すぎて余裕がないということも大きな理由だろう。それならほかのものを削ってでも、最終的に命にかかわるかもしれない銃は持っていくべきではないかと言われるかもしれない。もしそう言われたとしても、答えるすべがない。

これまでのアラスカ北極圏の旅では、クマに出会わなかったことのほうが少ないかもしれない。そんな夜は、テントの中でやはり少し不安なのだ。けれども一度だって襲われたことはない。そもそも、人間を最初から襲おうとするクマなど、普通はいないと思っている。クマも人間が怖いのだから。健康な土地で、健康なクマならば、まずは大丈夫だろう。

アラスカでクマの危険がいちばん多いのは国立公園だろう。とくにマッキンレー山国立公園だ。おおぜいの観光客が訪れるこの国立公園では、人間とクマとのナチュラル・ディスタンスが狂ってしまっている。本来、クマの方からたもつであろう自然での距離が、たくさんの人間がはいりこむことで、そうもいかない状況になっている。つまりナチュラル・ディスタンスが異常に接近し、言いかえれば消えてしまっているのだ。こういったことはマッキンレー山国立公園だけでなく、イエローストーン国立公園をはじめ、ほかの多くの国立公園に共通する問題だ。事実、毎年必ずどこかでクマの事故がおきている。もし規則さえないならば、国立公園にこそ銃を持ってはいりたいと思うことがよくある。

銃を持たない場合、万が一という問題がある。けれども、その万が一をいつも考えながら行動することはできない。万が一はクマだけでなく、あらゆる場所に潜んでいるのだ。自分で大丈夫と思ったならば、その中で最善をつくして行動するしかないだろう。

いつか、ライフルを持って長期の撮影にはいったことがある。じつに安心だった。けれども、どこかで自分の行動がとても大胆になっていたような気がする。最終的には銃で自分を守れるという気持ちが、自然の生活の中でいろいろなことを忘れさせていた。不安、恐れ、謙虚さ、そして自然に対する畏怖のようなものだ。ぼくは、今日でも人間が本質的にもっている、野生動物に対する狩猟本能というものを肯定しているのだけれども、自分の目的と銃の問題は、なかなか嚙みあわないような気がしている。

夜になり、満天の星がプラネタリウムのように頭上にあった。六月からずっと夜がなかったのだから、本当に久しぶりに見る星だ。夏の白夜、暗黒の冬。そして季節とともに現れ、消えてゆく星。地球が回っているという実感。

朝になり、パッキングの仕事に追われた。山のような荷物を、もう一度仕分けしてザックに詰めなければならない。昨日、小型飛行機に装備を積むとき、ひとつひとつのザックが大きすぎるため、すべてバラバラにして積みこんだからだ。こんなとき、いつもひとりの写真家のことを思い出す。会ったことはなかったけれども、ぼくの中に深く刻みこまれている人だ。

その人の名は阿岸充穂《あぎしみずほ》。アメリカの大地をテーマに撮りつづけ、一九七六年、空撮のため小型飛行機をチャーターし、離陸直前、プロペラに巻きこまれて事故死した。数日間、悪天候が続いたあげく、突然、天候が回復し、阿岸さんは急遽、早朝の空撮をすることに決めた。しかし、パイロットが約束の時間に遅れ、あわただしい中での離陸の準備となる。風景写真にとっては、日の出からのわずかな時間が勝負なのだ。飛行機の前方から、助手がカメラ機材を両手に下げて走ってくる。阿岸さんは助手のバッグを一個持ってやろうと走りだしたという。しかし、前方にはプロペラが全回転していた。プロペラが全回転していれば、プロペラは見えない。素通しなのだ。阿岸さんはそこに突っこんでいってしまったのだ。無我夢中で、音など聞こえなかったのだろう。頭の中は太陽と時間のことだけでいっぱいだったのだろう。

二年後、写真集『大地の詩《うた》』が出版された。阿岸さんは、アメリカの大地をテーマにしながらアラスカにもひかれていった。そしてこころざし半ばにして倒れてしまった。ぼくがアラスカに渡ったのは、その事故からちょうど二年後であった。阿岸さんのことが自分の中のどこかにあったような気がする。

『大地の詩』は、自然を正面からみつめた写真集だ。もし阿岸さんが今生きておられるならば、この写真集のことをどう思われただろう。きっと満足されなかったにちがいない。もっとやりたいことがあったにちがいない。しかし、今でもこの写真集がぼくをうつのはなぜだろう。人は生きているかぎり、夢に向かって進んでいく。夢は完成することはない。しかし、たとえこころざし半ばにして倒れても、もしそのときまで全力をつくして走りきったならば、その人の一生は完結しうるのではないだろうか。アメリカの大地をテーマに十年間、阿岸さんは最後の瞬間まで走りきった。

山のような装備は、アリゲッチ渓谷にベースキャンプをつくるまで、二回に分けて運ばなければならなかった。つまり、見える範囲で目的地点を決め、そこまで荷物の半分を運び、ふたたび元の場所に戻って残りの荷物を運ぶのだ。行程の三倍の距離を歩かなければならない。ばかばかしいが、一回で運べる量ではないのだからしかたがない。ときどき、置いた荷物の場所がわからなくなり、見つけるまでさんざん、時間がかかってしまったことがある。

地図をひろげ、もう一度全体の地形を確認する。三週間後には、無事にこの湖に戻ってこなければならない。歩きだすと、ザックの重みが肩に食いこんできた。気温は低いのに、すぐに体じゅうが汗ばんでくる。目の前の山をのぼりはじめると、アラトナ河の流れがはるか彼方に見えてきた。風景の大きさに圧倒される。

地球上で、人間の手がつけられていない自然はいったいどれだけ残っているのだろうか。それを、いつまでも後の世代に残していけないものだろうか。こんなにもかけがえのない自然を見ていると、そんな大義名分さえ必要のないものだという気がしてくる。だれのためでもなく、それ自身の存在のために手をつけてはならないような気がしてくる。

歩いていると、ところどころにクマの糞があり、この土地がベアカントリーであることを教えていた。高い茂みの中を通りぬけるときは特に気をつけなければならない。近距離で出くわさないこと、これが大切だ。前に、クマの顔との距離、約一メートルではち合わせしてしまったことがある。ぼくはテントの中で眠っていたのだ。朝の四時ごろだったろうか。何かブラシがテントを触っているような音に起こされた。寝ぼけ眼《まなこ》でテントの入口を開けると、目の前にあったのはクマの顔だった。ぼくもびっくりしたが、クマのほうもよほど驚いたのだろう、向きを変えると一目散に逃げていった。

このときいろいろなことを考えた。はじめから人を襲おうとするクマは、まずいないということだ。近距離で出会った場合、人も恐ろしいが、クマのほうも怖いのだ。きっとそのとき、クマは一瞬のうちに判断するにちがいない。つまり、怖くて逃げるか、怖くて襲ってしまうかの選択だ。それがどっちにころぶかは、クマの性格と、その人の運、不運でしかないのではないか。

アリゲッチ渓谷がやっと見えてきた。同じ行程を三回歩いているので遅々としている。一日が暮れようとしていた。しばらく歩いたあと、ぼくはキャンプ地を捜すため谷に下りた。アスペンとシラカバがまじった小さな林があった。秋風が林を吹きぬけてゆくたびに、黄金色の木の葉が紙きれのように揺れ、地上を一色に埋めてゆく。

風は汗ばんだ体に心地よかった。林を抜けると川に出た。このあたりがアリゲッチ渓谷の入口になるのだろう。いい野営地だった。長い間旅をしていると、ときどき、野営せずにはいられないような空間に出くわすことがある。だれかが野営するのをずっと待っていたような場所だ。うまく説明できないが、何かそこだけ時間が止まっているような、小さな桃源郷のような場所があるのだ。

林と川の間のわずかな草原にテントをたてた。一日で見捨てるにはあまりにもすばらしい野営地だった。川沿いに薪を拾いに行く。今夜はゆっくりと焚火で遊びたい。川岸の砂地で、ムースの足跡とともに大きなイヌのような足跡を見つけた。オオカミにちがいない。こういった川沿いは、動物たちの格好の通り道になる。以前にもオオカミの足跡を同じような川沿いの砂地に見つけたことがある。古い足跡だが、かつてここをオオカミが通ったかと思うとなかなか楽しかった。

夜になり、焚火にあたりながらも、オオカミのことが気になっていた。あの足跡はどのくらい古いのだろう。こんな夜、遠吠えを聞くことができればと思った。前の年の秋、南西アラスカを旅したときのことを思い出す。あれはとても不思議な秋だった。ぼくはそれまでに何度かオオカミの遠吠えを聞いたことがあった。けれども、その秋のは特別だ。

ベースキャンプから、ほとんど毎晩のようにオオカミの遠吠えを聞いたのだ。はなればなれになったオオカミが、お互いの場所を確かめあっているのか、遠吠えはそれぞれの掛け合いで始まり、最後はきまって合唱になった。いったい、何頭のオオカミがいたのだろうか。遠吠えは初冬の山々に響きわたった。ぼくは焚火にあたりながら、ひと声ももらさぬよう聞きいっていた。子どものころ、ディズニーの映画やシートンの物語から想像した声そのものだった。遠吠えの距離は毎晩寄ってきて、ある日の夕方、キャンプに戻ると、ぼくのテントの脇に一頭のオオカミが座っていた。そしてぼくを見るなり、ゆっくりと森の中に消えていった。記憶にあるのは、それが焦茶色のオオカミだったことだけだ。

オオカミにとって最後に残された土地、アラスカにおいても、ほかの場所と同じような迫害の歴史がくり返されていた。十分な調査がされないまま、ムースのポピュレーションを回復させるために始まったオオカミの撲滅作戦は、アラスカじゅうに大きな論争をまきおこしていた。ある種の人間にとって都合のいい価値基準で他の種が脅かされ、あるいは全体が画一化されてゆく。

ぼくたちの生活の中で、一つの大切な環境というのは、人間をとりまく生物の多様性ということだろう。それはけっして生物の世界にとどまらず、人間社会の中における文化の多様性にもあてはめることができるのではないだろうか。ぼくたちの考えかたを刺激し、思考に豊かさと選択の機会をあたえ、ときにはぼくたちの中に存在するいろいろな問題を解決するための方向をあたえてくれるかもしれない。

ぼくたちが健康を維持してゆくために、いろいろな食べ物が必要なように、同じことが精神の健康にも必要なのではないだろうか。画一性、それはぼくたちの思考を鈍らせ、次第に精神の荒廃へと導いていくものかもしれない。生物の多様性の存在は、何よりもぼくたち自身をほっとさせる。そしてぼくたちがだれなのかを教えつづけてくれる。オオカミのことを考えながら、そんな気がしてならなかった。

耳をすましても、遠吠えは聞こえてこなかった。夜の静寂を破るのは、ときおり吹きぬける風の音だけだった。地面に横になり、焚火をみつめながら、とりとめのないことを考える時間。そんなとき、自分が呼吸をしていることを感じる。心臓の鼓動を感じる。おかしな話だが、ふだん忘れていることを新鮮な気持ちで意識する。

リンクスを見たのは次の日のことであった。そしてはじめてアリゲッチの山なみを見たのもこの日であった。

アリゲッチの山々は、比較的なだらかなブルックス山脈の連なりの中で、険しい針峰群《しんぽうぐん》が集中している。山の稜線に立ち、はじめてこの針峰群が現れたとき、ヨーロッパアルプスをアラスカ北極圏に見つけたような気がした。こんなすばらしい山が存在し、それを今見ているのは自分だけかと思うと、改めてアラスカの広がりを実感する。

同じようなことは、アラスカの野生動物についても言えるかもしれない。このアリゲッチ渓谷のどこかに、ドールシープの群れがいるはずだ。けれども、おそらくぼくは彼らを見ることはないだろう。またこの地域は、一つの大きなカリブーの群れの移動ルートにもなっている。しかし同様に、ぼくはカリブーを一頭も見ることなく、この旅を終わるにちがいない。

極北の生態系の特徴は、豊富な野生動物にあるのではない。アフリカのような、南の生態系と決定的に違うところだろう。生物の拡散、それが極北の生態系を形づくっている。厳しい自然の中での、植物の年間自己生産量の少なさにも起因するのだろう。そしてもう一つの特徴、それはある時ある場所における、一時的な生物の豊富さだ。

夏の一時期、アラスカ北極圏は、南からのたくさんの渡り鳥にとって大切な繁殖地となる。ツンドラは別世界のように新しい生命にあふれかえる。しかし八月にもなれば、渡り鳥はすでに南へと旅立ち、ツンドラは鳥のさえずりさえ聞こえない。カリブーも同じことだ。ある日何万というカリブーが現れても、次の日になると、ツンドラじゅう見渡しても一頭のカリブーも見つからない。

四日目になり、アリゲッチ針峰群の麓にベースキャンプを張ることができた。よくもこれだけの装備を運んできたものだ。もう荷物を二回に分けて、行ったり来たりして運ぶ必要はない。ここを拠点に、しばらく周辺の山を歩くつもりでいた。紅葉は今がピークで、山はうっすらと新雪におおわれている。テントのまわりのブッシュには、ブルーベリーの実が最後の張りを保ちながら群生していた。ぼくはキャンプのまわりのブルーベリーを摘み、朝のホットケーキの材料にした。

秋のアラスカはブルーベリーでいっぱいだ。人々は、アラスカに特産の果物がないこともあって、この実をとても大切にする。この時期になると、家族総出で一年間のブルーベリーを集めている光景をあちこちで見かける。ジャムにしても、パンを焼くときの材料にしても最高だ。

ぼくもまた、ジャムをつくるために、秋になると大量のブルーベリーを摘まなければならない。食べながら摘むといったほうがいいだろう。一度、ブルーベリーを摘んだ翌朝、トイレにはいってびっくりしたことがある。出るものすべてが真っ青なのだ。一瞬、悪い病気にかかったかと思ってたじろいだが、よくよく考えて納得した。この時期の山歩きでは、歩き疲れるとブルーベリーが群生している場所を選んでどかりと腰をおろす。あとは手を伸ばして食べ放題だ。この甘ずっぱい味は本当に疲れを癒してくれる。

しかし、これだけアラスカの人々がブルーベリーを摘んでも、九十九パーセントの実は食べられないまま終わってしまうだろう。つまり、それだけアラスカじゅうがブルーベリーにおおわれているということだ。

それからの一週間、周辺の山をのぼりながら紅葉を撮った。新雪がくる前に紅葉を撮ることができて、ほっとしていた。極北の自然は気まぐれで、四季は規則正しくやってくるとはかぎらない。ツンドラがまだ緑のころでさえ、雪はいつでも出番を待っている。一度雪をかぶった紅葉は、たとえ雪が解けても輝きを失ってしまう。旅の日程はあと十日ほど残っていた。あとは新雪を待つのみだ。

食料の計算をする。長い撮影にはいったとき、途中で必ずやらなければならない仕事なのだ。今回の装備では、食料を切りつめられるだけ切りつめた。米の量が決定的に少ないのが寂しい。ジーパンの脚の部分を縫ってつくった米袋。何度量っても少ない。ごはんの好きなぼくにとって、米は宝なのである。

実際、キャンプ生活では米さえあれば幸せだった。それに醬油とかつおぶしさえあれば、もう、ほかには何もいらない安全圏にはいっている。夕食のとき、コッフェルから漂ってくるごはんの匂いがたまらなく好きだ。

米が十分あるときの、キャンプの食生活はこうだ。夜寝る前に、米を水につけておく。朝、起床と同時にコンロに火をつけ、米を炊く。少し多めにつくるので、余った分を弁当箱に詰め、昼の行動食とする。そしてまた、夕食の米を炊くわけだ。おかずはほんの少しでかまわない。ぼくの、だれにも負けない技術は、どんな量でも、どんな火でも、確実においしいごはんが炊けることだ。ともかく、米は偉大な食料だと思う。

ある朝起きると、何やらいつもと違った気配をあたりに感じた。テントの入口を開けると、季節が変わっていた。雪がしんしんと降り、白い世界の中で山と空の区別もつかない。テントの屋根を押し上げると、夜の間につもった雪が音をたてて滑りおちた。この雪は根雪になるだろう。今日は九月三日、一九八一年、冬の第一日目。長く暗い冬が始まるというのに、いつも感じる、この初雪のうれしさはなんだろう。ぼくはコンロに火をつけ、湯を沸かし、いつものようにドリップ式のコーヒーをつくった。どんなに大変な撮影行でも、おいしいコーヒーを飲みたい。テントの中に、朝のコーヒーの匂いがたちこめる。日記に、冬が来たと記した。

午後になり、テントの中でうとうとしていると、突然、人の気配を感じた。

「ミチオー！　いつまで寝てるのよ！」

度肝をぬかれた。女の声だ。何がおこっているのだ。寝ぼけている頭の中で、自分が居る場所と、他人の声がまったく線を結ばない。あわててテントの入口を開けると、目の前に、大きなザックを背負い、冬の装備に身を固めた女がニコニコして立っていた。

「グッド・モーニング、ミチオ」

「なあんだ、モスじゃないか。どうしてこんな所にいるんだ。いつ来たんだ。いったいどうなっているの」

ぼくは本当に何がなんだかわからなくなっていた。突然の訪問者、それも友人ではないか。モスはアラスカ大学時代の同級生であった。

話を聞くと、彼女は友人とともに、小さなパーティーをガイドしながらこの山にはいってきたのだという。アリゲッチの針峰群を見るのが目的らしい。モスはアラスカ山岳会のメンバーだった。きっと数少ない女性会員の一人だろう。

「後ろから、もうすぐ仲間が来るわ。その中に日本語を話せる人がいるの。ミチオと話すのを楽しみにしているわ」

同じパイロットの飛行機ではいったため、モスはぼくがこの地域にはいっていることを知っていたのだ。

「日本人かい？」

「生まれは韓国だと思うわ。シアトルから来た写真家なの」

モスは学生時代から、本当にだれからも好かれる女の子だった。人なつこく、独特の雰囲気をもっていた。ぼくとモスは学生のころ、お互いの丸太小屋を、それぞれの経済事情から交換したことがある。

アラスカ大学のまわりには数多くの丸太小屋があり、寮を出た学生たちが借りていた。どこの丸太小屋がいいか悪いかは、だいたいだれもが知っていた。ぼくの小屋も、モスの小屋もかなりいい方だった。ところが家賃と小屋のスペースが違っていた。ぼくの小屋はひと月百八十ドル、モスの小屋は八十五ドル。大きさは、ぼくの小屋が二倍ぐらいのスペースをもっていた。ところがぼくは大学の食堂で皿洗いをしている身分で、この家賃はぼくの生活を圧迫しつづけていた。モスはちょうどそのころ、もっと大きな小屋に移りたいと思っていたのである。そんな事情があって、冬のある日、いっぺんにぼくらは引っ越しをしたのである。

本当に、とんでもない場所での懐かしい再会であった。

しばらくすると残りのパーティーがやってきた。雪はすでに降りやんで、あたりは一面の銀世界だった。五人のパーティーの中から、アジア系の顔をした男の人が握手を求めてきた。モスが言っていた、日本語が話せる人にちがいない。六十過ぎの印象であった。ぼくたちは、本当に久しぶりに話す日本語で自己紹介をした。思索的な顔と態度から、深い教養と人なつこさがにじみでていた。これがジョセル・ナムカンとの出会いであった。ジョセルはシアトル在住の有名な写真家だった。アンセル・アダムスらと交流をもちながら、彼の写真もまた4×5でがっちり撮ってゆく、同じ流れをくむタイプの写真家だった。ぼくたちは十年来の知己のように親しくなった。

その夜、ぼくたちは焚火を囲みながら、お互いの話をした。自分とアラスカとのかかわり、これから何をしようとしているのか、などなど。

「写真を仕事に選んで、アラスカははじめてのテーマなのですが、じっくり取り組んでいきたいと思っています。最初は大きすぎて、どこからはいっていいのかわからなかったのですが、少しずつ見えてきそうです。ジョセルはこれから何をやっていくのですか」

「中国を撮りはじめたいと思っています。これからこの国に行くことが多くなるでしょう」

ジョセルは、写真に対して強い情熱をもった、年齢を感じさせない人だった。そして、あらゆる芸術の分野に対する知識の豊富さを感じさせた。ジョセルはこれまでの彼自身の人生について語ってくれた。

一九一九年、韓国に生まれたジョセルは、子どものころ、画家になることを目指していた。しかし十七歳のとき、音楽を学ぶために日本に留学することになる。一九三六年のことだ。音楽大学で声楽を学んだジョセルは、全国日本声楽コンクールに出場し、グランプリをとる。そして、オペラへの道を進もうとする中で、同じ道を歩んでいた今のミネコ夫人と知り合う。当時の韓国に対する差別状況の中で二人の結婚は反対され、上海へと駆け落ちをする。二人は戦時中の上海において、上海フィルハーモニーオーケストラの仕事にたずさわった。そして中国からの日本軍撤退の中で二人はアメリカに渡ってゆく。ジョセルが写真と出会ったのはそれからだという。

その年の冬、ジョセルはぼくに、彼の写真集を送ってきてくれた。"An Artist's View of Nature（芸術家の見た自然）"という写真集は、その中に彼の音楽があふれていた。写真の中に、ハーモニーがありリズムがあった。本の冒頭でジョセルはこんなことを書いていた。

「……私の写真は、強く音楽に影響されている。私は写真というものは、すでにその場所に、それ自身の力で存在しているものを投影することなのだと思う。けれども、そのものが良く見えるよう、人に理解させることができるように、それを奏でる人が必要なのだ……。」

それからの一週間は、雪が降りつづく毎日だった。その間、アリゲッチ針峰群は、ついにその姿を見せなかった。

ぼくもジョセルといっしょに、毎日のように雪の中を歩いた。モスもときどきいっしょだった。撮影こそ満足にできなかったが、楽しいひとときをすごすことができた。アラスカ北極圏の山の中にはいってくるこの老写真家に、ぼくはいたく感銘を受けていた。数日後、たくさんの食料をぼくに残して、彼らは山を下っていった。

また一人になった。まわりはもう雪山だ。ついこの間までの紅葉が、ずっと以前のことだったような気がする。ぼくもまた、山を下る日が近づいていた。ブルックス山脈の紅葉、そして新雪を撮ることができた。思わぬ訪問者が、旅の思い出に花を添えてくれた。

天候は回復し、新雪がまばゆいばかりだった。山を下りながら日本の春山を思い出していた。食料はほとんどなくなり、背中のザックもそれほど重くない。明日はフェアバンクスに帰れる。……まずはともかく、風呂にはいりたい。垢を落とすというより、熱い湯に何も考えずひたっていたいのだ。そして最大の楽しみ、手紙をチェックしに行こう。たくさんの手紙が届いていればいいなあと思う。そして行きつけのベーカリーでうまいパンを食べよう。コーヒー一杯でいくらでも粘れる、あの大学通りのベーカリーだ。手紙はゆっくりとそこで読もう。きっとだれかにその店で会うだろう……。そんなことを考えながら、アリゲッチ渓谷を下っていく。今夜は最後のキャンプだから、いい野営地を見つけたかった。かなりのペースでとばしたので、夕方にはアラトナ河を見おろすことができる最後の稜線に出た。この数日間の天気で、麓の雪は解けはじめていた。切れ落ちた崖っぷちに小さな草原を見つけ、そこにテントを張ることにする。早い夕食をすませて、薪をいっぱい集めた。

静かな夕暮れだった。焚火のそばで、ザックに背をもたせかけて日記を読み返す。

この数日間、薄いオーロラが毎晩のように現れていた。きっと今晩も見えるだろう。風もなく、まわりのすべての自然が調和し、息づいていた。目の前に広がる風景の中に、水量を減らした初冬のアラトナ河が流れていた。泡沫のような人の一生を超えた、悠久なる時の流れがあった。十時過ぎ、青白い光の帯がゆっくりと北の空から舞いあがってきた。

クジラの民

鏡のように凪いだ北極海。乱氷のかげで六人のエスキモーの男たちが息を殺して一点をみつめている。潮を吹きあげながら一頭の北極セミクジラがゆっくりとこちらに向かってくるのだ。何週間もこの時を待っていた。腰をかがめながら、男たちの手がウミアックにかかった。息づまるような瞬間だ。いちばん前にいたエノックがこちらをふり向く。と同時に、ぼくたちは海に滑りこんでいった。

ぼくは六人のエスキモーとともにウミアックを漕いでいた。すさまじいテンポでオールが水につき刺さり、そのリズムについていくのがやっとだ。上半身をほとんど海に投げだし、足先だけかろうじてウミアックに引っかかっている。ジョーに言われたことが頭の中をよぎった。

「いいかミチオ、クジラに向かって力いっぱい漕げ。水音をたてちゃだめだ。クジラが気づいちまうからな。静かに力いっぱい漕ぐんだ」

クジラを見ている余裕など毛頭なかった。かなりのスピードを出しているのに、聞こえるのはオールが水を切る音だけだ。どのくらいの時間がたったのか、口の中が乾いてきた。もう自分の限界だった。

「だめだ！」

だれかが叫んだ。いっせいにオールの動きが止まった。はじめて前を見た。黒い巨体はゆうゆうと乱氷の後方に消えようとしている。疲れはてたぼくたちは話す者とてなく、聞こえるのは激しい息づかいだけ。漕ぎ手を失ったウミアックはゆらゆらと漂いはじめている。

「ミチオ、スィング　ア　ジャパニーズ　ソング！（ミチオ、何か日本の歌をうたえよ）」

前に座っていたエノックがふり向かずに言った。

「なんでもいいから歌えよ」

ぼくはしばらく考えて、海の歌がいいなあと思い、「われは海の子」を歌いだした。歌いはじめてすぐに後悔した。なんとこの場にそぐわない歌をうたっているんだろう。おまけに歌詞がわからなくなり、途中からでたらめになってしまった。それでもみんなは喜んでくれた。

「いい歌だ。元気がある」

だれかがメロディをまねて歌いだし、大爆笑となった。

静かな夕べ。白夜の北極海に漂いながら見ると、欠けはじめた満月が淡く光っていた。

一九八二年四月、アラスカ北極圏のエスキモーの村。クジラ漁の朝は、熱いカリブーのスープで始まる。二週間前、エノックと狩猟に行ったとき仕留めたカリブーが目の前に横たわっている。ぼくはスープをつくるため、凍りついたカリブーの肉を斧で砕かなければならない。仕事は女たちといっしょに食事をつくることだ。とび散った肉のかけらを口に含むと、ひんやりと冷たく、わずかに甘い味が口の中でとろけるようだ。ルイベ（サケの冷凍）を食べているような気がする。

氷を溶かした大鍋の中に、どんどん肉の塊を放りこみ、貴重なジャガイモとタマネギも少し入れ、あとは塩で味つけをしながらじっくりと煮こむ。スープの中にはたくさんのカリブーの毛が浮いているが、そんなことはだれも気にしない。四月とはいえ、ぼくたちがキャンプをしているのは北極海の氷の上だ。熱いカリブーのスープは冷えきった体を芯から温めてくれる。アザラシの干し肉も、キャンプでの大切な食料だ。顎が痛くなるほど嚙んでいると、口の中に香ばしい味がする。味がなくなったら、最後に飲みこむわけだ。スープといっしょに、男たちは古くなった去年のクジラの生肉を、大事そうにナイフで切りながら食べている。マクタックと呼ばれるクジラの表皮の部分だ。彼らは早く新鮮なマクタックを食べたくてしかたがないのだ。

クジラ漁に同行すること、それはもう何年も前からの夢だった。同じアラスカで生活しているのに、遠い世界の出来事のような気がした。外部の者はクジラ漁のキャンプにさえ入れてもらえないと言われていた。それには二つの理由があると思われる。一つは、クジラ漁そのものが昔からの神聖な猟であること。かつてはエスキモーであっても女であれば近づいてはならなかった。もう一つは、世界的な捕鯨問題の影響だろう。昔からの生活の方法が、ある日、IWCA（国際捕鯨委員会）という聞いたこともない団体により規制されはじめた。そしてグリーンピースによる捕鯨禁止運動。「もう、そっとしておいてほしい」というのが、エスキモーの偽らざる気持ちではないだろうか。それが外部の者を入れたがらない、エスキモーのクジラ漁の閉鎖性に拍車をかけたようだ。ぼくはといえば、友人のエスキモー、ジョー・アサパックのおかげで、同じ仲間としてクジラ漁に参加していた。

四月。ベーリング海から北極海にかけてびっしり張りつめていた氷が少しずつ動きだす。潮流と風の力によって氷に長い亀裂がはいり、ところどころに海面が現れる。この海面はリードと呼ばれる。そのころ、北極セミクジラがベーリング海を通って北極海にはいってくるのだ。哺乳動物であるクジラは、海面に上がって呼吸しなければならない。だから、このリードこそ、海面を必要とするクジラにとっては北への移動ルートになるのだ。

この時期、村の人たちはひたすら強い北風を待っている。北風は氷に閉ざされた村の南側の海に亀裂をつくる。クジラ漁のキャンプはこのリードに沿ってできあがる。ふつう、リードは陸地から五キロから十キロ離れたところに現れる。リードは小さすぎても大きすぎてもクジラ漁には適さない。小さいと、銛をうつことはできても、クジラは死ぬ前に氷の下に逃げこんでしまう。リードが大きいと、小さなウミアックではとても追いきれない。

ウミアックとは、七、八頭のウグルック（アゴヒゲアザラシ）の皮でつくった伝統的なエスキモーのボートだ。銛をはじめ、いくつかのクジラ漁の装備は近代的になった。しかし、彼らは今でもウミアックを漕いでクジラを追い、銛をうつ。

村には、約十五艘のウミアックがある。それぞれの持ち主がクジラ漁のキャプテンで、ふつう五十歳から六十歳の老練なエスキモーだ。その下に十人前後の若いクルーが働くことになる。その中から、一人だけハプーナーが選ばれる。ハプーナーとは銛をうつ男だ。ハプーナーになることは、若いエスキモーにとって最高の栄誉である。どのキャプテンの下のクルーとして働くかは、毎年決まっているわけではない。しかし、このわずか一ヵ月におけるクジラ漁のキャプテン、クルーの関係は、村の社会構成、団結に重要な役割を果たしている。クジラ漁において、年寄の力は絶対である。長い間クジラと闘ってきた彼らの知恵、判断力は、若いエスキモーが学びとっていかなければならないものなのだ。この自覚は彼らの会話の中からも感じることができる。あの一筋縄ではいかないジョーでさえ言っていた。

「村の年寄の中で、最高のクジラ獲りはジョシュア・レーンだろう。俺はジョシュアが言ったことには耳を傾けることにしている」

ジョシュア・レーン。すでに六十に近い現役のクジラ獲りだ。はじめてジョシュアに会ったとき、白系ロシアとの混血ではないかと思った。大柄な体、白髪、彫りの深い顔立ち。すべてエスキモー離れしている。日に焼けた顔からのぞく優しい眼からは、寛容さ、意志の強さが感じられる。もしパーキー（動物の毛皮でできたエスキモーの服）を着ていなかったら、ジョシュアをエスキモーと判断することはたぶんむずかしいだろう。ジョシュアがクジラに立ち向かうとき、きっとあの眼の優しさはなんの変わりもないにちがいない。ジョシュアは、

「君は、ミリギロックというリトルダイオミード村に住むエスキモーにそっくりだ」

と言った。近くにいた年寄たちも、本当によく似ているとあいづちをうつ。

「おまえのエスキモー・ネームはミリギロックにしよう」

と勝手に決めてしまった。

ぼくは、ジョン・クプターナのもとでクルーとして働くことになった。彼もまた六十に近い老練なクジラ獲りで、村の代表者でもあった。はじめて家を訪ねたとき、ジョン・クプターナは床

に座って銛の手入れをしていた。その夜、奥さんのヘレンがつくったベルーガ（シロイルカ）のスープをすすりながら、いろいろな話をした。クジラ漁のこと、日本のこと等々。ジョン・クプターナは村の知識人で、みなの尊敬を集めていた。ヘレンはたっぷりと太った底ぬけに陽気なエスキモーのおかみさんだ。ぼくは彼女といっしょにキャンプで働けることがとてもうれしかった。ヘレンは子どものように無邪気な女性だ。二人でいると冗談を言いながら笑ってばかりいる。彼女はどこで見知ったのかしらないが、日本式の、頭を下げるあいさつを知っており、ぼくと会うたびにそれをやって、ひとりで笑いころげていた。また、ぼくを呼ぶとき、ときどき名前のかわりにＴＯＫＹＯを使いたがるのだ。

「トーキョー、こっちに来なさい」

「トーキョー、お腹がすいたか」

ともかくヘレンとは気が合った。キャンプでは、ぼくは彼女といっしょにクルーの食事をつくることになった。おそらくぼくたちは、クジラ漁のキャンプの中で最高のコンビだったろう。

八人のクルーが、ジョン・クプターナのもとで働くことになった。

エノック・クプターナ　二十九歳
ジョー・アサパック　三十五歳
レビ・クマラック　二十六歳
ミカエル・コパック　二十一歳

ティムシィ・エメラック　二十七歳
ロイ・クプターナ　十七歳
レックス・フランクリン　十二歳
ホシノ・ミチオ　二十九歳

今のエスキモーは、エスキモーとしての本来の名前と、西洋的な呼び名としての名前と、二つ持っている。このほかに、ヘレンをはじめ何人かの女性がキャンプでの仕事を手伝うことになる。

ハプーナーはレビ・クマラックだ。レビは体は小さくやや細身だが、好漢である。まだ若いが、村の年寄たちの圧倒的な信望を集めていた。レビは登山靴をはいていたぼくに、足先が冷たいだろうと、自分の靴を貸してくれたりした。無口な男だが、最後までぼくのことを気遣ってくれた。

エノック・クプターナは、ジョン・クプターナの息子である。はじめて会ったとき、なんと茫洋とした男だろうと思った。ずんぐりとしていて、何か動きが鈍く、いつもニコニコしていた。いい奴ではあったが、ジョン・クプターナの息子としては少し頼りないような気がしていた。クジラ漁が始まる前、エノックとぼくは二人でカリブーの狩猟に行った。途中、北極グマの足跡を見つけた。結局、クマを見ることはできなかったが、しばらく新鮮な足跡を追った。このときから、少しずつエノックに対する印象が違ってきた。そしてクジラ漁において、ぼくのこの男に対する第一印象は完全にくつがえされてしまった。エノックはすばらしいハンターだったのだ。八人のクルーをまとめていたのはじつにこの男であった。いつもの笑顔はクジラ漁においても変わらず、かえってそれが凄味を感じさせた。同じようなことは、エスキモー、インディアンの友人を通して、その後何度かあったような気がする。

アラスカ大学にいたころ、白人とエスキモーやインディアンといった先住民の学生とは、お互いになかなか溶けこめない部分があるように思えた。けれども、日本人であるぼくは両方の世界を行ったり来たりしていた。先住民の友人もおおぜいできた。後に彼らの村を訪ねて驚いたことは、エノックに対してもった気持ちとまったく同じものだった。そのときの彼らは、まさに水を得た魚のように生き生きとした顔をしていたのだ。大学にいたころの彼らの顔と、どちらが本物なのだろうといぶかしく思ったほどだ。逆に、人と人とのかかわりの中で、相手の本当の部分を見ることができないまま、理解することがないまま終わってしまうのがなんと多いことだろう。それは個人のレベルにとどまらず、民族と民族の間にも言えることではないだろうか。


エノックの親友であるジョー・アサパックは、クルーの中で最もエスキモーを感じさせる男だった。肩までのびた髪、鋭い眼光、長い顔。ジョーを見ていると、昔のエスキモーがそのまま生きているような気がしたものだ。だが、村の中ではあまりいい評判を聞いたことがなかった。ぼくには最後までその理由がわからなかったが。

ジョーは白人文化に対し、ある種の拒絶感をもっていたようだ。押しよせてくる西洋文化の中で、エスキモーの社会は大きく変わってきていた。多くの若いエスキモーは白人文化に染まりながらも、古い生活と新しい生活を同居させていた。ジョーにはそれができない。彼は、エスキモー社会をとりまく社会状況、政治状況に対し、ほかの若いエスキモーよりずっと強い関心をもっていた。「アラスカは俺たちの土地だ。白人のものではない」この考えがジョーを貫いていた。IWCAによるエスキモーのクジラ漁に対する数多くの規制は、ジョーにとってはまったく論外である。おそらく彼の中には、自分がアメリカ合衆国に属しているなどという気持ちは微塵もないにちがいない。これらの問題を通して、村の年寄たちとの間で幾度か衝突があったのではないだろうか。

ジョーは、ぼくがクジラ漁に参加できるよう力をつくしてくれた。なぜだったのだろうか。いっしょに行けることが決まったとき、いちばん喜んでくれたのもジョーだった。クジラ漁のキャンプでも、ジョーのぼくに対する接しかたはほかのクルーとは違っていた。ぼくがどんな失敗をしても、ほかのクルーは笑って見すごしたのに、ジョーは違った。いつもどこかで、ぼくの行動を見ているジョーの目を感じた。ときには煩わしくさえあった。けれども、ジョーはぼくが一人前のクジラ漁のクルーになることを本当に望んでいたのではないかと思う。

若いロイはエノックの弟だ。彼にとって今年が二年目のクジラ漁らしい。レックスはまだ子どもである。仕事はボイラーマン。一晩じゅう起きていて、テントの中のストーブの火を絶やさないようにする。きつい仕事ではあるが、いつか一人前の漁師になるためには経なければならない過程なのだ。

この年は風の動きが不安定で、良いリードが得られないまま時間が過ぎていった。クジラ漁のキャンプは、ひたすら待つという生活である。強い北風を待ち、良いリードが開くのを待ち、そしてクジラを待つのだ。キャンプからリードまで約百メートル。しかしその海も、風と氷の動きによって閉じたり開いたりして不安定なのだ。朝起きて風をみることが一日の最初の仕事。リード沿いの巨大な氷塊のてっぺんが見晴らし台となる。斧で氷にステップを切りこみ、階段をつくる。はじめはのぼりにくいが、やがておおぜいの人が使うため立派な階段ができあがる。氷塊のてっぺんから見渡すと、乱氷群が果てしなく、どこまでも続いていた。

一日の生活の中では、食べることが何よりの楽しみだ。ヘレンがいないときは、ぼくがすべての食事をつくった。ときおり、その年レビと結婚するミニが手伝いに来てくれた。この二人を見ていると、なんともほほえましい限りだ。ミニはとにかく働く。多くの若いエスキモーは、感覚的にはすでに白人に近いのだが、古いエスキモーを感じさせる若者も確実にいた。ミニは後者である。彼女が来ると、男だけのキャンプ生活が和《なご》んだ。毛皮のパーカーを着たミニは、まだ、かわいらしい少女のようであった。

食事どきはぼくのいちばん忙しい時間で、単調な生活の中でだれもが楽しみにしているひとときであった。一度カリブーのスープの中に、持ってきたカレーのルーを入れたら大好評となり、噂はほかのキャンプにまで伝わっていった。カリブーはスープにしても生で食べてもおいしい肉だ。

キングアイダー（ケワタガモ）が南から渡ってきた。氷原の上を、たくさんの群れが通りすぎてゆく。今夜はダックスープにしよう。撃ち落とす前から、みな舌なめずりをしている。エノックが乱氷のかげに隠れ、鳴き声をまねして飛びすぎてゆく群れをこちらにおびき寄せる。エノックのショットガンは的確なものだ。カモが落ちてくるたびに、ぼくは傷ついたカモをとり押さえ、首をもって二、三回振りまわさなければならない。これは最後まで嫌な仕事だった。しかし、それにもましてダックスープのうまさは格別だった。

つくりかたは簡単。羽根をむしり取り、肉を切り刻んでジャガイモやタマネギといっしょに鍋の中で煮るだけだ。あとは塩と胡椒を加えるだけ。エスキモーはこういう料理をするとき必ず煮る。焼くということはほとんどしない。煮て汁といっしょに食べるほうが、栄養を逃さず何もむだにしないからだという。ともかく一年ぶりのダックスープの味は、単調なキャンプ生活をくり返すクルーの気持ちをずいぶん温めたようだ。

何もすることがなくなると、ほかのキャンプまで遊びに行った。リードに沿って百メートルおきぐらいにキャンプがある。どこのテントに行っても、必ずコーヒーか食べ物が出される。彼らはじつにコーヒーが好きだ。ちなみに、日本的な意味でお茶を飲むという場合、エスキモーにとってはコーヒー、アラスカのインディアンにとっては紅茶である場合が多い。ぼくはジョシュアのキャンプに遊びに行くのがいつも楽しみだった。ジョシュアの世代はエスキモー語と英語と両方話すことができるわけだが、ぼくと話すときはもちろん英語である。ジョシュアの話はいつも興味津々たるものだった。

ある日の夕暮れ、ぼくはリードとは反対の乱氷群に散歩に出かけた。アラスカ北極圏では、白夜の季節が始まろうとしていた。夕暮れといっても、太陽はもう沈まない。夕陽はそのまま朝日となって昇っていってしまうのである。風と潮流によって折り重なるようにできあがった乱氷群は、見ているだけで飽きないものだ。自分が今、海の上にいることさえ忘れてしまう。この氷の数メートル下には、北極海の深淵が潜んでいるのだ。

乱氷群を過ぎると、目の前に広がっているのは大きな氷原だった。風もない静かな夕べ。……景色を見渡しているとき、遠くの方で何かが動いているのを見つけた。こちらに向かってきている。人間ではあり得ない。この世界で生きている四つ足の動物なんて、北極グマしか考えられない。次第に輪郭がはっきりしてきた。ぼくは一目散にキャンプに逃げもどった。

「エノック、北極グマだ！」

エノックは銃をとり、乱氷のかげで待った。知らせを聞いて、ほかのクルーも集まり、エノックよりずっと離れたところから見ている。北極グマは、まっすぐぼくたちのキャンプに向かってくる。はじめて見る、北極に生きるクマだ。胸がドキドキした。どこか現実感が稀薄だった。エノックはまちがいなくこのクマを仕留めるだろう。自分が知らせておきながら、複雑な心境だった。エノックのライフルが火を噴いた。二発目が止《とど》めを刺したようだ。白い巨体はどさりと氷の上にくずおれた。仲間が集まってくる。すぐにキャンプへ運ぶ作業が始まった。三百キロはあっただろう。

なぜこの北極グマはぼくたちのキャンプに近づいてきたのだろう。理由は明白だ。シールオイルの匂いが引きよせたのだ。北極グマは、九十パーセント以上の食料をアザラシに依存している。

言いかえれば、北極グマは、つねにアザラシを求めてさまよっているのだ。アザラシのもつ強烈な匂いを、北極グマは十キロ以上離れたところからでも嗅ぎつけるといわれている。クジラ漁のキャンプでは、食料だけでなく、ぼくたちの体さえシールオイルに浸かっている。北極グマはここにアザラシがいると思っただけなのだ。初期の北極探検の時代に、北極グマの話がよく出てくる。「人間をまったく恐れずに近づいてきた」「北極グマは人間を食料とみなすもっとも恐ろしいクマだ」この時代の北極探検において、アザラシの脂肪はなくてはならないものであった。つまり、北極グマは人間を襲おうとしたのではなく、アザラシの匂いに引きよせられて、最後の瞬間までアザラシだと思って近づいてきただけなのだろう。

キャンプでは北極グマの解体が始まっていた。皮がきれいに剝がされ、肉はまず、もう狩りに行けなくなった村の老人のところへ届けられた。この習慣は、特にその獲物がその年最初に獲られたものである場合よくおこなわれるようだ。それぞれのキャンプにも肉が分配される。北極グマの肉はけっして生で食べてはならない。例外なく、すさまじい数の旋毛虫の幼虫が寄生しているからだ。有毒な量のビタミンAを含んでいる肝臓も食べてはならない。

同じ氷の世界に生き、同じ獲物を、同じ方法で獲る北極グマは、エスキモーにとって昔から特別な意味をもっていたに違いない。氷に開けられたアザラシの呼吸穴の前で、ときには何日もじっと待つエスキモーの狩猟法は、かつて北極グマから学びとったものだろう。エスキモーの伝説には、多くの人格化された北極グマの話が出てくる。彼らはきっと、ほかの動物たちと比べ、自分たちにずっと近い存在として、この生き物をみつめていたのではないだろうか。

リードは依然として不安定であった。幅が五十メートルほどしかなく、その間に薄氷も張りだしていた。はるか彼方に大きなリードができていたが、氷が不安定で、そこに移動することは不可能だった。仲間のクルーが、そのリードをクジラが通ってゆくのを、すでに何度も見ていた。ある日、ジョーといっしょに氷塊のてっぺんからそのリードを見ていたとき、ぼくははじめてクジラが通ってゆくのを見た。ジョーに言われるまで気がつかなかったのだが。

「ミチオ！　見ろ！　クジラだ！」

双眼鏡をのぞくと、たしかに潮を吹きあげているのが見える。こっちのリードがもっと開いていたらなあ、とぼくたちはくやしがった。

次の日、ぼくたちのリードに突然、クジラが現れた。潜水艦のように浮きあがってきて、すさまじい音をたてながら潮を吹いている。クジラが目の前にいる。信じられない光景だった。しかし、リードが小さすぎる。薄氷が張っていて、ウミアックを出すこともできない。みな、何もできずにただ見ているだけであった。

四月も終わろうとするある日、朝から強い北風が吹きだした。リードは午後になってからどんどん開いてきた。目の前に大きな海が広がってくる。リードは開きすぎたようだが、ともかくウミアックを出せる。この日から、二十四時間態勢でクジラを待つキャンプが始まった。ウミアックは、リードに沿って水際の氷の上に用意された。こうすれば、ひと押しで海に滑りこんでゆくことができる。氷塊の上の見晴らし台では、つねにクルーが海を監視している。リード沿いのすべてのキャンプが同じ態勢になった。夜も昼もなく、疲れた者が順次キャンプに帰って寝た。

テントの中では、ストーブの火を絶やさないようにするため、ぼくと子どものレックスが火をくべながら白夜を明かした。燃料はアザラシの脂肪の塊。それを適当な大きさに切りながら、流木といっしょにストーブの中に投げこむ。一瞬、ボオッと音をたてて燃えあがり、ジュウジュウといいながらすばらしい熱を放つ。テントの中は急に暖かくなる。アザラシという動物は、極北に生きてきた人間にとって、どんなに大切な役割を果たしてきたことだろう、疲れたエスキモーの男たちは、氷の上に敷かれたカリブーの皮の上で眠っている。

もう生活のリズムはめちゃくちゃであった。いつ寝て、いつ起きているのか、時間の感覚がなくなってしまっている。この日もレックスといっしょにストーブの前で夜を明かしていた。ぼくはいつのまにか眠りこんでいたのだろう。遠くから、だれかのヨーデルが聞こえるような気がした。セイウチの鳴き声をまねたエスキモーのヨーデルだ。それは危険を知らせるヨーデルだった。ぼくはあわててテントの外に飛び出した。それぞれのキャンプで、夜を徹して氷塊の上から海を見守っていたクルーが、何かおこりつつある危険を、次のキャンプへヨーデルで伝えていたのだ。まるで映画のワン・シーンだ。ぼくは何がおこっているのかわからず、氷塊の上で夜を明かしているレビのところへ走った。

「氷が離れているぞ。みんなを起こせ！」

キャンプに戻るまでもなく、全員のクルーが飛び出してきた。キャンプから百メートルも離れていない氷に、大きな亀裂がはいりだしたのだ。まったくみごとな眺めだった。音もなしに、氷原全体が離れていこうとしているのだ。みるみるうちに、目の前に海が広がってゆく。前にジョーに言われたことを思い出した。

「ひとりだけであまり遠くへ行くな。いつどこで氷が割れて離れてゆくかもしれないぞ。もしおまえが離れてゆく氷の上にいたら、それでおしまいだ」

あんなにしっかりしていた氷が、なんの前ぶれもなく離れてゆくのだ。幸い、ぼくたちのキャンプは移動する必要がなかったのだが。

リードは少し開きすぎていた。すでに何頭ものクジラがこのリードを通りすぎていった。が、海が広すぎて、いずれもウミアックでは追いきれない。もう少し狭いリードが欲しかった。クジラをできるだけ引きつけてから、一気にウミアックで追いかけたいのだ。「こんなにリードが不安定な年は珍しい」とだれもが話していた。

はじめてウミアックに乗るチャンスが来た。このときもリードが広すぎたが、ともかくクジラがこちらに向かってくる。ぼくは氷塊の上からその様子を眺めていた。ウミアックのそばにいたエノックが、突然、ぼくに向かって言った。

「ミチオ、今度はおまえも乗れ！」

胸が高鳴った。ゆっくりと氷の見晴らし台を降りた。クジラがいるときはゆっくりと動かなければならない。氷の上を走ってもいけない。振動が海に伝わり、クジラに聞こえてしまうからだ。あまりに急なことなので、ぼくは少しあわてた。

「いつでも出られるように、ウミアックについていろ！」

エノックが小さな声で言った。六人のクルーがウミアックの両サイドにつく。手袋がないことに気がついた。まだ時間がある。すぐ近くの氷の上の、ザックの中にはいっているのだ。ウミアックを離れ、ザックの中の手袋を捜しているとき、後ろで何かが動いたような気がした。ふり向いて唖然としてしまった。ウミアックはすでに海の上、仲間のエスキモーたちは全速力で漕ぎはじめていた。いったいなんてことだ。どうして待っていてくれなかったのだ。どうしてひとこと声をかけてくれなかったのだ。自分が甘かった。一人のクルーが足りないことより、漕ぎ出す瞬間を逃すことのほうが問題なのだ。どんどん離れてゆくウミアックを見送りながら思った。なんと自分はうかつなのだろう、と。このときほどくやんだことはあとにもさきにもない。三十分ほどして、追いきれなかった仲間のクルーが帰ってきた。合わせる顔がない。ジョーが、どうしようもないなという目で見ている。しかし何も言わない。それがまたつらかった。

「俺も前に同じことをやったよ」

若いロイが慰めてくれた。

二回目のチャンスはうまく乗った。結局、このときも追いつくことはできなかったのだが、それは表現することのできない、異次元の体験であった。ウミアックで追う人間と、同じ生命の延長線上にクジラの生命があった。同じ土俵で、人間とクジラの力が絡まっていた。

巨大な氷塊のてっぺんに座って海を見ている時間は本当におもしろかった。ここはだれもが海を見に来る場所で、プラットホームのように平らになっているのですごしやすいのだ。毎日何十回となくのぼると、どこに足をかければよいかは体が覚えてしまう。ここで年寄のエスキモーと話す時間はじつに楽しいものだ。彼らは、クジラがどこから来て、どこへ向かってゆくのかについて何も知らない。知らないというより、興味がないというほうが正しいだろう。クジラは昔から、春になると来るのである。彼らにとっては、それだけで十分なのだ。そのようにして、何千年も昔から彼らの生活はくり返されてきたのだろう。アラスカ北極圏の地の果ての村、そしてそこに生きる人々。この見かたはあまりに早計すぎるかもしれない。なぜならば、この地域こそ、かつてはアメリカ大陸最古の文化の中心地だったのだから。

クジラ漁が始まる前、ぼくはジョーの父親、ローリー・アサパックの家にいた。ローリーは、エスキモーがエスキモー以外の何者でもない世代の最後の人だろう。もう七十を越えたローリーは、狩りにゆくことはできない。一日の大半を、床に足を左右に広げて座り、動物の骨細工を作ってすごしている。この座りかたは、昔のエスキモーの座りかただ。カリブーの顎骨、セイウチの牙、クジラの脊椎骨、アザラシの皮などを使って作るローリーの作品はみな一級品である。ぼくが買おうとしても手が出ないものばかりだ。作品の多くはアラスカの博物館などが買うらしい。

毎日のようにローリーから昔の話を聞いた。ローリーは今のジョシュアのように、かつて村いちばんの狩人だった。もし人間の顔というものが、それまで生きてきた経験によってつくりあげられるものならば、ローリーの顔がまさにそういうものだろう。自然の中で生きぬいてきた風格が、ローリーの顔そのものとなっている。

「ローリー、きのうのナヌーク（北極グマ）の話だけどさ。アザラシを襲ったところを見たことがあるかい？」

話しはじめると、もうぼくの存在などありはしないかのようだった。

「……あのころ、人々は犬ゾリさえ使っていなかった。狩りは自分の足で歩いてゆかなければならなかった。クジラ漁のときは、リードのある場所まで、ウミアックを何キロも何キロも雪の上を曳いたものだった。……」

生存してゆくために、動物のようにさまよった、遠い昔を思い出しているようでもある。それはエスキモーがエスキモー以外の何者でもない時代だった。今、ローリーはいすに座り、ガスストーブで沸かしたお茶を飲んでいる。孫たちが暖かい家にはいってきて、テレビのスイッチを回している。なんという生活の変化だろう。ひとりの人間の一生が、隔たりのある二つの時代にタイムトンネルのようにまたがっていた。ローリーにとって、ぼくはおとぎ話をねだる子どものようなものだろう。ローリーの奥さん、マーラもまだ健在だ。髪は真っ白で、もう七十はとうに過ぎているだろう。二人はじつに仲がいい。村の中を、杖をつき、寄り添いながら歩く二人の後ろ姿を見ていると、ぼくにはどうしても、タイムトンネルを通りぬけた向こう側の、おとぎ話の世界のこととしか思えなかった。

隣のキャンプにマイラという老婆がいた。みなが寝静まったあと、ときどきぼくたちのテントに遊びに来た。彼女とは、クジラ漁のキャンプが始まったころから仲が良かった。七十に近いこの老婆の顔には、深い年輪が刻まれている。マイラはテントにはいってくるとき、必ず「ノック、ノック」と言いながら中の反応を確かめる。ドアをたたいているつもりなのだろう。底ぬけに陽気なマイラはいつもぼくを笑わせ、つたない言葉のやりとりではあったが、夜ふけまでくすくすと笑いながら話しこんだ。彼女は、ぼくが生まれた東京がどんな村なのかと聞く。クジラやアザラシが獲れるところなのかと聞く。全生涯を北極の小さな村ですごした彼女にとって、日本の状況を理解することは到底できない相談だ。ある晩、めいめい、何か歌をうたおうということになって、ぼくは古い日本の唱歌をうたった。続いてマイラは、小さな声で古いエスキモーの歌をうたってくれた。なんの歌なのか、ぼくは聞かなかった。物悲しい旋律だった。ストーブに脂をくべながら聴いていると、時間が逆もどりして夢の中に引きこまれていくような気がした。

不安定なリードのまま、クジラ漁のシーズンが終わろうとしていた。そんなころ、セントローレンス島のクジラ漁でウミアックの下にクジラがはいり、全員を海に放り出してしまうというニュースがはいった。一人はまだ危篤らしい。「もしも一頭のクジラも獲れなかったら」という不安が村の人たちの間に漂いはじめた。

「早くマクタックが食べたい」

会うたびにマイラがつぶやいた。

ジョシュアが銛を外したというニュースが続いてはいった。クジラに追いつきながら逃したらしい。ジョシュアがしくじるなんてことがあるのだろうか。このことについてはだれも話したがらない。シーズンが終わろうとしている。それはクジラが行ってしまうということではない。六月まで、さらにたくさんのクジラがこの海を通りすぎるのだ。しかし、その前に対岸の氷がなくなってしまい、リードそのものが消滅してしまうのだ。リードがなくなれば、広大な北極海が広がるだけ。そうなれば、ウミアックを漕いでクジラを追うことなど不可能なのだ。自然がつくりあげた、リードという氷に囲まれた海があってこそ、エスキモーのクジラ漁が成り立つ。もしクジラの肉を食べられずに一年をすごさなければならないとしたら、それはこの村のエスキモーにとってどういうことになるのだろうか。今は時代が違う。食料はお金さえはらえば外の世界からはいってくる。けれども、何かが違う。「マクタックが食べたい」この言葉の意味はなんなのだろうか。変わりゆく、あるいは変わらざるをえないエスキモーの文化の中で、クジラ漁こそ、自分たちがだれなのかを教えつづけてくれる最後の砦だからなのだろうか。

五月。いつものように、午後の時間を氷の見晴らし台の上ですごしていた。もう春だ。南から、シギやチドリをはじめ、数多くの渡り鳥が群れをなして飛んできて、さらに北へと向かっていく。渡り鳥は春のアラスカ北極圏に営巣をしにやってきたのだ。春の使者、ユキホオジロもあちこちに見かけるようになった。自然の秩序とは、なんと感動的なものなのだろう。

マイラとレビがいっしょだった。海を見ながらとりとめのない話をしていた。クジラの話はしない。今年はもうだめだろうと、だれもが思っていたからだ。いくつかのキャンプはすでに引きはらい、村に帰っていた。マイラの顔を見るのがつらかった。あんなにマクタックを食べたがっていたのに。

夕方になって、隣のキャンプのクルーが走ってきた。

「ジョー・フランクリンのクルーがクジラを獲った！」

信じられない。からだ全体に震えるような興奮があった。レビはすでに見晴らし台を駆け降り、キャンプに走っていた。ぼくはどうしていいかわからなかった。クジラがウミアックに曳かれて戻ってくるだろう。写真を撮らなければ。ぼくはキャンプに向かって走っていた。伝令がキャンプ全体に広がっていった。カメラを用意したぼくは、一目散に氷の見晴らし台に向かって走った。近づくにつれ、だれかの歌声が聞こえてきた。古いエスキモーの歌のようだ。見ると、だれもいない氷の上で、老婆がひとり海に向かって踊っている。ゆっくりとした動きで、何かに語りかけているように見える。マイラだ。きっと昔から伝わるクジラに感謝する踊りなのだろう。近づくと、マイラは泣いていた。踊りの原点を見ているんだろうなと思った。写真を撮る気にはなれなかった。目頭が熱くなり、どうしようもない。マイラは、ぼくの存在などありはしないかのように踊りつづけていた。

クジラが獲れた！　伝令は村まで伝わっていった。すべてのキャンプのクルーがウミアックに乗り、クジラ目指して海に出ていった。ウミアックが全部集まったところで、各船を数珠つなぎにして、全員で漕ぎながらクジラを曳いて帰ってくるのだ。どのウミアックのクルーも、クジラにたどり着くまでわれ先にと漕ぎつづける。クジラの肉はすべての村に分配されるが、クジラにたどり着くウミアックの順位によってその肉の場所が違ってくるのだ。以前、エノックが絵を書いて、一頭のクジラがどのように分配されるかを説明してくれたことがある。この分配法は伝統的なもので、クジラのすべての部分にエスキモー固有の名前がつけられていた。

ウミアックに曳かれたクジラが戻ってくるまで、まだずいぶん時間があった。クジラはジョー・フランクリンのキャンプに曳きあげられることになる。村じゅうの女、子ども、老人まで集まってきて、キャンプは騒然としてきた。クルーは全員海に出てしまい、キャンプに残されたぼくとレックスは何をしていいのかわからない。まだ子どものレックスにとって、今年がはじめてのクジラ漁だった。

「クジラを曳いたウミアックはリード沿いに帰って来るはずだから、先回りして見に行こう」

ぼくとレックスはリード沿いの乱氷を伝いながら歩いていった。途中、一列になってこちらに向かってくるウミアックが見えてきた。

「あれだ！　あれだ！」

ぼくとレックスは小山のような氷塊の上に腰をおろし、ウミアックが近づいてくるのを待った。クジラを曳きながら、ウミアックが一列になって帰ってくるのは壮大な眺めだ。ただし、クジラは水の中に沈んでいるせいかよく見えない。だれかが、氷の上に座って手を振っているぼくたちを見つけたようで、全員がいっせいにオールでウミアックの縁をたたきだし、歓声の渦となった。だれもが同じ奇声を発している。何かの動物の叫び声をまねているようだ。

「あれはセイウチの声を出しているんだよ」

レックスがすかさず教えてくれた。わきあがるような興奮。一ヵ月にわたる北極のドラマの結末《エンディング》。オールを振っているジョーの顔が見える。レビ、エノック、そしてジョシュアの顔も見える。みんなが叫びながら、ぼくたちに手を振っている。胸にこみあげてくるものをおさえながら、ぼくはエスキモーのクジラ漁というものを、少しずつ理解しはじめていた。

クジラが氷原に横づけにされた。たくさんの村人が集まってくる。どの顔もうれしさを隠せないという感じだ。女たちが集まり、全員の食事のしたくにとりかかる。これから、クジラを氷の上に曳きあげなければならない。解体をして、すべての肉が分配されるのは夜明け近くになるだろう。長い、しかし気持ちの上では短い夜が始まろうとしていた。この夜こそ、村の人たちにとって、一年でもっとも楽しい夜になるにちがいない。

クジラに長いロープが掛けられ、ほとんど全員がこのロープの脇についた。掛け声とともに曳きあげ作業が始まる。何か運動会の綱引きをしているような気分になってくる。引いても引いても、自分の場所は同じだ。クジラは動いていないのだ。本当に曳きあげられるのだろうか。みんな疲れてしまい、一息入れてふたたび綱引きが始まった。いったい何度くり返しただろうか。途方もない仕事に思われた。それでも、クジラは少しずつ氷の上にずり上がってきていた。大変だが、楽しい作業だ。なんといってもクジラが獲れたのだ。なんのつらいことがあろう。曳きあげ作業が始まり、二時間もたっただろうか。クジラは黒い巨体をすっかり氷の上に横たえた。つい数時間前まで北極の海を泳いでいたクジラが目の前にいた。ぼくは手で触り、ペタペタとたたいたりして感触を確かめた。不思議な気持ちだった。

全員が、クジラをとり囲むように集まった。ぼくのキャプテンでもあるジョン・クプターナによって、クジラへの感謝の祈りが捧げられた。キリスト教とのかかわりだろう。キリスト教がはいる前、エスキモーの社会はシャーマニズムの世界だった。その時代にもその時代なりにきっと違った形での狩猟に対する信仰があったのだろう。

クジラの表皮、マクタックの一部が切り取られた。解体を始める前、みんなで今年はじめてのマクタックを食べる。切り取られたマクタックは、すぐに女たちによってボイルされ、みなに配られる。熱くて、フーフー言いながら食べた。口の中でとろけるようなうまさだ。自分でもびっくりするほど、体が熱くなってくるのがわかる。なんだか、すごい食べ物だな。だれもが喜色満面だった。ぼくはマイラを捜した。どんな顔で食べているのか見たかったのだ。マイラは、ジョー・フランクリンの若いクルーをつかまえ、抱きつくようにして彼らの粘り強さをたたえていた。若いクルーが迷惑そうに苦笑いしているのがおかしかった。どこもかしこも、笑いと熱気に包まれていた。

クジラの解体作業が始まった。このクジラを仕留めたジョー・フランクリンのクルーによってすべての解体がおこなわれる。これが決まりだ。六月に村でおこなわれるクジラの感謝祭の日取りも、クジラを仕留めたクルーのキャプテンによって決められる。つまり、今年はジョー・フランクリンによってその日が決められる。

解体が始まると、ほかのクルーはまわりから作業を助ける。女たちは食事を運びながら男たちの長い仕事をささえる。切り裂いてゆくにしたがってクジラの体の中から大量の湯気が立ちのぼり、氷の上は鮮血で真っ赤に染まっていった。クジラの上にのぼり、黙々と作業を進める若いエスキモーたちに、ときどき年寄が指示をあたえている。一頭のクジラがどのように解体されてゆくかを眼《ま》のあたりにするのはじつに興味津々たる眺めだ。ジョシュアがぼくのところに来て聞いた。

「マクタックを食べたかい」

「こんなうまいとは思わなかったよ」

とぼくは答えた。ジョシュアはうれしそうに笑っていた。

一晩じゅうかかった解体は終わりに近づいていた。肉はすべての村人に分けあたえられる。だれもが疲れきっていた。最後に、巨大な顎の骨だけが氷上に残された。すると、人々はその顎骨のまわりに集まり、掛け声とともに海に向かって押しはじめた。ぼくは、何をやろうとしているのか、すぐにはわからなかった。彼らはその顎骨を海に返そうとしているのだ。乱氷の彼方から昇りはじめた太陽は、すでに氷上に物の影をつくりだしている。顎骨が氷から離れ、海に沈んだ。

「来年もまた戻ってこいよ！」

その瞬間、人々は海に向かって叫んでいた。エスキモーは、その顎骨にクジラの霊魂を託していたのだ。長かったクジラ漁が、このとき終わった。

もう春が来ていた。村のまわりの雪も解けはじめ、ところどころに黒い土が顔をのぞかせている。ぼくたちがキャンプをした氷原も、もうすぐ流れ去ってゆくだろう。村を去る日が近づいていた。

ある日、ティムシィの家へ行くと、ジョーが酔いつぶれていた。ティムシィもまたクジラ漁のキャプテンである。ジョン・クプターナと親戚関係にあるが、ジョンの奥さん、ヘレンは、酒癖の悪いティムシィのことをいつもこぼしていた。村はドライ・ヴィレッジである。つまり、酒を持ちこむことを禁止している村なのだ。

酔いつぶれているジョーを家まで運ばなければならない。もう立っていることさえできない。どうしてこうまで飲んでしまうのだろう。肩にもたれかけさせ、ぼくはほとんどジョーを引きずっていた。無性に腹立たしく、悲しかった。クジラ漁であんなに力強かったジョーの面影はまったくなかった。アンカレジやフェアバンクスの町角で酔いつぶれ、路上で寝ているエスキモー。観光客たちが、まるで獣を見るような目つきでそこを通りすぎてゆく。そんなエスキモーと、ジョーはなんの変わりもないではないか。けれども、ぼくが知っているジョーはそうではないのだ。ジョーの目は、すでに焦点さえ失っていた。

村の生活はどんどん変わっている。新しい学校、個性のない同じような新しい家々、テレビ、スノーモービル……。クジラ漁の世界とは、なんという隔たりだろう。押しよせる消費文明、そこから生まれる新しい価値観。それらはいったいどこまで広がってゆくのだろう。

村での一日の大半を、ジョン・クプターナの家ですごしていた。ジョンも、ヘレンも、何か自分の親のようであった。クジラ漁が終わったあと、ジョンに言われたことを思い出す。

「おまえは日本に親があるのか。家《うち》の養子になるつもりはないか。そうしたら、毎年いっしょにクジラ漁に行けるぞ」

ジョンには年ごろの娘がいる。ヘレンがそばで笑っていた。

村を去る日が来た。郵便を積んだセスナが村の滑走路に着く。つらい別れの時。ジョン・クプターナと抱き合いながらお礼を言った。

「来年もまた戻ってこい」

エノックが握手をしながら言った。ジョーが後ろでニヤニヤ笑っている。

「ジョー、いろいろありがとう」

白人の慣習からきた握手の嫌いなジョーにはそれだけでよかった。

爆音とともにセスナは飛び立つ。村の上空を一度旋回すると、窓越しに見える極北のクジラ漁の村はどんどん遠ざかっていった。いろいろな思いが胸をよぎる。ぼくたちがクジラを追った北極海が、午後の日を浴びて光り輝いていた。

新しい旅

丸太小屋には焚火の匂いがたちこめていた。古びた薪ストーブが真ん中に置かれていて、部屋の中は暖かかった。

老人はときおり咳こみながら、窓際のベッドに横たわっている。「もう長くは生きられない」と、息子のケニスは言っていた。十月の極北のインディアンの村には冬が駆け足で近づいていた。

小屋の中にいるのはぼくたちだけだった。初冬の残照が窓辺から射しこみ、部屋はぬくもりのある陰影に満ちている。丸太の壁にかかった色あせた写真、使いこんだ銃、オオカミのフードがついた着古したパーカ……テーブルの上にはボイルしたカリブーの大きな肉の塊と、六十センチもあるホワイトフィッシュが皿にのっている。

トウヒの大木を割ったままの、まだ枝の残りさえつく薪をストーブに放りこむ。熾火《おきび》はボーッと勢いよく燃えあがり、外の寒さで凍てついた顔もやがて火照《ほて》ってくる。年老いたハメルは、ベッドの上から柔和な視線をずっとぼくに投げかけていた。何か話したそうで、ぼくも何かを聞きたかった。

「ハメル、おなかすいた？」

老人は横になったままうなずき、ぼくは二つの皿にカリブーの肉を盛ってベッドまで運んだ。

ハメルはやせ細った体を起こし、黒光りしたナイフで小さく肉を切ると、新鮮な秋のカリブーを大事そうに噛みしめる。ぼくたちは向かい合い、ときどき顔を見合わせては笑みを浮かべ、ただ黙々と食べつづけていた。かすかな肉の甘さは、カリブーが秋の原野を旅しながらたくわえた、ツンドラの木の実の甘さのような気がした。

「子どもだったころ、人々は必要なものはなんでもカリブーの毛皮でつくった。着るもの、ブランケット、テントもな……」

片肺がないので苦しそうだったが、それ以上に老人は話をしたがっていた。小さくかすれた声で、片言《かたこと》の英語しかしゃべれないハメルの話は、グッチンインディアンの言葉もまじり合い、容易に聞きとることはできなかった。

「ハメル、ぼくはアラスカでずっとカリブーの写真を撮っているんだ。カリブーがとても好きなんだよ」

「まるでオオカミのようにカリブーを追ったものだ……何日も何日も原野をさまよった」

ぼくたちの会話は、別の世界の人間同士が互いに独り言を言っているように噛みあっていなかった。壮大なカリブーの旅に魅かれ、十年以上も撮影を続けていることをハメルに伝えたかった。老人が生きた原野や、そこを風のように通りすぎてゆくカリブーを自分も知っている。ぼくたちには共有できる世界がある。ただそのことを伝えたかったのだ。

いつのまにか小屋の中はうす暗くなり、窓の外には夕暮れが迫っていた。ブルックス山脈を源とするシャンダラー河は、この小さな集落ヴィタニイを通りすぎ、その下流でユーコン河に注いでいる。ぼくは友人のケニス・フランクの家族を、このグッチンインディアンの村に訪ねていた。この旅の目的は、ケニスの父、ハメル・フランクに会うことだった。

グッチン族は、アラスカ北極圏とカナダ北極圏の国境沿いの原野に生きる極北の狩猟民で、この土地を波のように通過してゆくカリブーの季節移動に依存していた。この村のほかに、アークティック村、チャルキーツィック村、オールドクロウ村がグッチンインディアンに属し、その数は五千人にも満たないが、彼らほどカリブーと深い結びつきをもった人々はいない。油田開発かカリブーか、アメリカを揺るがした北極圏をめぐる環境保護論争がなければ、そしてグッチンインディアンが反対の声をあげなければ、この極北の狩猟民はアラスカの原野の片隅でいつまでも忘れられつづけた人々だろう。

ぼくは彼らがひっそりと生きてきた東部アラスカ北極圏の自然が好きだった。カリブーの大群を捜して、これまでどれだけこの世界を飛んだかしれない。セスナの窓ガラスに顔をつけ、どこまでも続くトウヒの原野を見おろしていると、ときおり木立の中からふっとオオカミが姿を現した。紅葉に染まった山の頂上で大きなブラックベアが秋の実をむさぼっていた。高度を下げながらそのまわりを旋回すると、クマはどっかり大地にすわりこんで不思議そうにぼくたちを見上げている。アラスカの自然に魅かれるのはそんな一瞬だった。自分の姿がこの世から消え、神の視点から、人間のいない世界に流れるひそかな自然のリズムを垣間見ているような気がした。

「風とカリブーの行方はだれも知らない」という極北のインディアンの古い言葉があった。大地を埋めつくすようなカリブーの大群が旅をしているのに、二十一世紀を迎えようとする今も、それを見る者はほとんどいない。ある日、幸運な男が、原野でその伝説の大群に出会ったとしても、次の日には、見渡すかぎりのツンドラに一頭のカリブーさえ見あたらないだろう。

はじめてその幸運な男になったときのことは忘れられない。ある夏の日の午後、ツンドラの彼方から数頭のカリブーが点のように現れると、やがて数十頭、数百頭、数千頭と地平線をみるみるうちに埋めつくし、まっすぐこちらへ向かってくる。いつのまにかあたりは数十万頭のカリブーの海で、ぼくはそのまっただなかにいた。地球のアルバムがあるならば、その遠い一ページに迷いこんだようだった。地平線へ消えてゆくカリブーの大群を茫然と眺めながら、揺さぶられるような感動とは裏腹の、ひとつの時代を見送っているような哀しさがあった。

ハメルはベッドに腰かけ、ゆっくり呼吸を整えながら、少し苦しそうに話しつづけていた。

「生まれたのはオールドジョンレイクのほとりだった。カリブーが一頭もやってこない年があった。そんなとき、生きてゆくのはたいへんだった。たくさんの人が飢えて死んでいった……」

オールドジョンレイク……現在のアークティック村に近い、山あいのその大きな湖をぼくは知っている。カリブーフェンスという、グッチンインディアンの小さな歴史を捜しに、地の果てのようなその湖に出かけたことがあった。

十九世紀末にこの土地に銃がはいってくる以前、人々はカリブーを狩るために壮大な罠を大地に仕掛けていた。カリブーの移動ルートに沿った山の斜面や谷に、V字状の巨大な木の柵をつくり、知らずにその中にはいってくる獲物を待ちうけて槍や弓矢で殺していたのである。それから一世紀もの歳月を経て、フェンスは倒れたまま朽ちはて、だれかがそこを通っても気づかぬほど風景の中に溶けて消えようとしている。が、雪が解け、まだ夏草が生える前の早春、上空から見おろすと、まるでナスカの地上絵のようにかすかな白いV字が浮かびあがるという。

その跡がオールドジョンレイクをとりまく山々に残っていることを、以前友人のカリブーの研究者から聞いていた。彼は調査のためにこの原野を飛んでいるとき、山の斜面に描かれた不思議な模様を偶然見つけたのだという。当時でさえカリブーフェンスの場所を覚えている古老はほとんどいなかった。カリブーを追っていたぼくは、だれに知られることもなく消えてゆくグッチンインディアンの小さな歴史を、いつの日か見ておきたいとずっと思いつづけてきた。

そしてあの春の日、セスナの窓ごしにたしかにかすかな模様を山の斜面に見たのである。そのままオールドジョンレイクに着水し、丸一日かけてその場所を目ざしてのぼった。しかし、カリブーフェンスをついに見つけることはできなかった。疲れはて、まるでキツネにつままれたような思いでこの湖を後にしたのを今でも覚えている。

そして、オールドジョンレイクの静まりかえったたたずまいが気になりはじめるのは、それからしばらく経ってのことだった。知り合ったグッチンインディアンの古老たちが、ハメルのように、この湖のほとりで生まれ育ったというのである。ぼくはカリブーフェンスのことをたずねたが、もう何も覚えてはいなかった。が、たしかなことは、かつてそこで人が生まれ、泣いたり、笑ったり、めぐる季節の中で、人間の営みが綿々と続いていたということである。「未踏の原野」は、ゆっくり音をたてて崩れはじめていた。

「オールドジョンレイクを離れたのは、二度目の飢餓がやってきたときだった。その年はカリブーもムースも姿を見せなかった。わずかなヤマアラシを食べて生きていたが、そこに残ってカリブーを待つか、旅にでるかを決めなければならなかった……」

一九二七年と一九三七年、この土地を襲った二度の飢餓のことはほかの古老からも聞いていた。その時代にオールドジョンレイクのインディアンたちは分散していったのだろう。カリブーの移動ルートといっても、はっきりとした道があるわけではなく、ルートそのものが毎年少しずつ違う。ある年はまったく異なるルートをとるのかもしれない。広大な原野のどこを通っていっても不思議ではないのである。狩猟民が必然的に背負いこまなければならない生存の不確実性。そこから生まれてくる自然観。そのことをもっと詳しく聞きたかったが、ハメルの言葉は断片的で、ぼくはやっとつなぎ合わせて理解しているだけだった。

「最後に残ったヤマアラシも食べてしまった……あと四、五日で死ぬ……そんなある日、カリブーの群れがやってきた……」

ハメルは満面に笑みをたたえてそう言った。まるで今カリブーがやってきたかのようにうれしそうだった。

自分もそうやっていつもカリブーを待っていた。老人と同じくらい、何週間も同じ場所で待っていたことがあった。ツンドラの彼方からその大群が現れたとき、震えるような感動があった。が、それは老人が見たカリブーではない。飢餓に襲われ、死期がもう目の前まで迫ったとき、原野の果てからやってきたカリブーをぼくは知らない。きっと、老人が見たものはカリブーという形ではなく、もっとぼんやりとした、自分自身とカリブーとの境も消えた大きな生命の流れのようなものではなかったか。

これまで自分が撮りつづけてきた自然とはいったい何だったのだろう。この土地にずっと暮らしてゆこうと思ってから、アラスカ先住民の人々が、かつて何を考え、どんな自然との関わりかたをしてきたのか、そして近代との接触の中で何を失っていったのかが気になりはじめていた。そのことを人々の声や気配を通して感じとっておかないと、どうしても前へ進めないような気がした。

いつか、ケニスが話してくれた〝子どものころの原風景〟が忘れられない。

「あのころを思い出すと、かならずよみがえってくるひとつの風景がある。……秋になると、村はずれの小高い山の上に、いつもだれかが座っているんだ。村のどこにいても、その小さな人影と、焚火から立ち昇る白い煙が見えた。突然、煙が大きく揺れだすと、村人たちは歓声をあげ、いっせいに狩りのしたくにはいるんだ。その煙がカリブーがやってきたという知らせだった」

ぼくはケニスのもつその原風景に近づきたかった。ケニスもハメルも、心の中に焼きつけられたそのような風景を通してカリブーを見ているのだろう。神話の時代を自分の記憶としてもっている古老たちは、同じ自然を、ぼくたちとは違う目で見ているにちがいない。そう思いはじめると、ある人々がしきりに気になってきた。これまでに出会い、すでにこの世を去った、エスキモーやインディアンのいく人もの古老たちである。

二十年以上も前に、シシュマレフ村でひと夏を共にすごした老婆、ウギ。しわだらけの顔にまだタトゥー（入れ墨）をしていた。考えてみれば、彼女が子どもだったほんの六、七十年前、人々の暮らしは何千年と変わらずに続いてきた神話の時代に近かったのだ。

ポイントホープ村の、遠い昔のクジラ漁に生きたローリー・アサパック。もう海に出ることはできなかったが、その自信に満ちた風貌は、人間とクジラがかつて北極海でくりひろげたであろう壮大な叙事詩を彷彿とさせた。

そして百十五歳まで生きたインディアン、ウォルター・ノースウェイ。ぼくが会いに行った翌年、ウォルターは長かった生涯を閉じたのだ。あのときはまだ元気で、遠い所からやってきたのだろうと、見ず知らずのぼくに首飾りとムースの手袋をくれたのだった。

思い出そうとすれば、記憶の中から次々とだれかが現れてくる。ぼくはたしかに彼らとある時間を共にし、言葉をかわした。が、なぜもっとしっかり向き合ってさまざまな物語を聞いておかなかったのか。その大切さに気がつくのにどうしてこれだけの歳月がかかってしまったのだろう。

しかし、今は少し違う。ハメルとすごしているわずかな時間をしっかり記憶にとどめておきたかった。老人の息づかいや、どこか遠くを見つめるような視線もふくめ、過ぎさった時代を五感の中で感じたい。話がふと途切れたときの沈黙も、それはまた違う言葉で語りつづけているのだ。その沈黙さえも記憶の中に刻みこんでおきたかった。

この夏に訪ねた、チャルキーツィック村の八十三歳の古老、デイビッド・サーモンの話も忘れられない。

「……人々は生きのびてゆくために、いつも動物たちを見つめて暮らしてきた。どの動物を狩って生きてきたかによって、人間も違ってきてしまった。オールドクロウ村のインディアンの動きは、カリブーのようだった。それは人々が踊るときにもすぐ現れてくる。ユーコン河のインディアンは最も強い人々だ。急流に向かって泳ぐサーモンを食べてきたからな……。そして私たちはビーバーの民だ。チャルキーツィックの村人の話しかたがそっと静かなのに気がつかなかったか？　ビーバーを食べて、ビーバーのように生きてきたからね……」

しーんと静まりかえった夜、デイビッドの小屋でその話を聞いていると、そんな世界が本当にあるような気がした。ぼくはハメルのもつカリブーの世界が何なのかを知りたかった。それは自分自身が追ってきたカリブーの世界と、どうすることもできない大きなへだたりがあるはずだった。

窓の外はすっかり夜の帳《とばり》がおりていた。乾いたトウヒの薪は燃えるのが早く、ときどきストーブの火をたしかめた。

ぼくは、ふと、シャーマンのことを聞いてみたくなった。その時代と近代とのはっきりとした境があるならば、それはシャーマンの存在に思えてならなかった。質問の意味がよくわからなかったのか、ハメルはしばらく黙ったあと、気をとり直したかのように話しはじめた。

「……ああ、こんなことがあった。……生き物たちが何もいなくなり、人々がどんどん飢えていったとき、シャーマンは眠りについた……夢を見るためにな……」

ハメルの話は途切れ途切れで、じっと耳をすましてはいたが、もう一度聞きかえすことはできなかった。老人は疲れはじめていた。ハメルの語ったことは何だったのだろう。シャーマンがカリブーの夢を見ることで、それが現実になって現れるということなのだろうか。

二年に一度、グッチンインディアンが一週間を共にすごす祭りがある。一九九三年にはカナダ側の村、オールドクロウ（年老いたワタリガラス）で開かれ、ぼくは国境を越えて出かけていった。はっきりとした目的があるわけでもなかったが、だれかに会いたかった。見知らぬ世界の扉を開けてくれる、だれかに会いたかった。

人々はグッチンインディアンが抱えているさまざまな問題を話し合った。油田開発がもたらすであろうカリブーへの影響、それにともなう狩猟生活の存続への不安、消えてゆこうとする言語、古い価値観の喪失、自殺、若者たちの未来……それは新しい時代とのはざまでアラスカ先住民全体が直面している問題でもあった。ぼくは会場の片隅に座り、人々が何を考え、どこへ向かおうとしているのか、耳をすましていた。人間がおしなべて混沌とした時代を迎えようとしている今、それはどこかで自分と無縁であるはずがなかった。

夜になると、カリブーを中心としたさまざまな食べ物が用意され、人々はこの土地の自然の恵みで腹を満たしながら夜ふけまで踊りつづけた。笑いの渦に満ちた楽しさの中で、人々は新しい時代への不安をひしひしと感じているような気もした。けれども、近代化の波にもみくちゃにされてきたアラスカ先住民は、長い旅を経て、今何かに気づきはじめているようでもあった。それはきびしい時代を生きた村のエルダー（古老）たちに対する深い敬愛の態度にはっきりと現れていた。

ある晩、村の老婆の九十五歳の誕生日が祝われた。小さな集会場に集まった二百人近い村人たちの前で、老婆が、彼女の生きた時代の思い出、そして次の世代へのメッセージを語りはじめると、小屋の中は水をうったように静まりかえった。ぼくはグッチン語の不思議な音色を聞きながら、人の暮らしが変わりつづけてゆく宿命を思った。

そんなオールドクロウの祭りで出会った男がケニス・フランクだった。グッチンの人々と深く関わってきた白人の友人が、ぼくの気持ちを知っていて、ケニスに会ったらいいと紹介してくれたのだ。ぼくはひと目でケニスが好きになった。肩まで髪をのばし、浅黒い顔の中にじっと見すえるような瞳をもったこの男は、寡黙で、生来の精神的な深さを感じさせた。グッチンインディアンの世界をもっと知りたいと、ぼくは率直にケニスに話した。ぼくたちは親しくなり、秋になったら自分の村へ来ないかと誘われていた。ぼくとケニスは同い年だった。ずっとつきあってゆくことになるだろうというたしかな予感があった。それが今度のヴィタニイ村への、ケニスの父親を訪ねる旅になったのである。

夜もふけて、ぼくはケニスといっしょだった。ハメルはすでにベッドで寝ついていた。近くを流れるシャンダラー河で獲れたホワイトフィッシュでぼくたちの腹は満たされていた。ケニスの食べるものは、カリブー、ムース、そして川魚だけで、伝統的な狩猟生活で得た食物以外に手をつけることはなかった。そんなインディアンに会ったことがなかった。狩猟は彼の心の中で深い意味を宿していた。

ケニスは長い時間をかけてひとつの仕事を終えたばかりだった。それはグッチンインディアンの家系（ルーツ）をできるかぎり古い時代へさかのぼって調べることだった。まだ生きている古老たちを訪ねながら、原野の中でわかれていった人と人とのつながりをこつこつと紡いでいった。それは遠い祖先と話をしているような旅だったとケニスは言った。父親のハメルが生まれたオールドジョンレイクへも出かけ、草むらの中に埋もれたかすかな住居跡を見つけたのだった。

ケニスは、遠いグッチンインディアンの世界へたった一人で戻ろうとしているように思えてならなかった。かつて人々が聞いていた大地の声に、この男は本当に耳をすましていた。ぼくは、なぜか、ある痛みを感ぜずにはいられなかった。けれども、その旅がケニスをどこへ連れてゆくにせよ、ずっとこの男を見つづけていきたかった。

静かな夜だった。外を歩く村人の声がはっきりと聞こえていた。気温が下がると音は遠くまで伝わってゆく。だから狩りは暖かな日がいいというケニスの話を思い出した。薪を取りに外へ出ると、オーロラの青白く冷たい炎が雲間をぬって夜空を舞っていた。

「ケニス、今日ハメルの話を聞いていて、よくわからないことがあったんだ。ずっと昔、人々が飢餓にみまわれたころのシャーマンの話なんだけど……」

ケニスはじっとぼくを見つめながら、「それは説明することができない」と微笑をもって言った。

「ミチオ、おまえはおれたちの言葉を話すことができない。だからしかたがないんだ」

それは優しく拒絶するような言いかただった。

「おれはそのことを英語では語りたくないし、試みようとも思わない。グッチンの言葉でしか伝えられない世界があることを、おまえはもう知らなくてはいけない……それに、ハメルはシャーマンのことをおまえに話してなんかいない、口に出してはいけない言葉なんだ……つまり、おまえはそのことを聞いてはいけなかった」

ぼくは少しずつ新しい旅を始めていた。壮大なアラスカ北極圏に魅かれ、ずっとカリブーを追いつづけてきた自分の旅に、ひとつの終止符をうとうとしていた。

未踏の大自然……そう信じてきたこの土地の広がりが今は違って見えた。ひっそりと消えてゆこうとする人々を追いかけ、少し立ち止まってふり向いてもらい、その声に耳を傾けていると、風景はこれまでとは違う何かを語りだそうとしていることが感じられるようになった。人間が足を踏みいれたことがないと畏敬をもって見おろしていた原野は、じつはたくさんの人々が通りすぎ、さまざまな物語に満ちていた。

新しい旅とは、今、目の前のベッドで眠るハメルの心の中にはいってゆくことだった。老人の精神の中のカリブーへ向かっての、けっして到達しえない旅である。その旅の中で新しい風景が見えてくるのだろうか。

極北のインディアンの村はすっかり寝静まっていた。ハメルの丸太小屋も、聞こえるのはストーブの薪がはじける音だけだった。その暖かさが心にしみるのは、老人がすごしたたくさんの冬をそのぬくもりに感じるからだった。

ふと、ケニスは古びたインディアンの太鼓をとり出すと、そっとリズムをとりながら、消えいるような小さな声で遠い昔のカリブーの歌をうたいだした。それはだれに聞かせているわけでもなかった。泣いているような、叫んでいるような、とめどもなくあふれるその歌は、眠っているハメルの心にも届いているような気がした。ぼくはじっと耳をすましながら、その歌が終わらなければいいと思っていた。

カリブーの旅

はじめに

アラスカは、地球上に残された最後の原始性を秘めた土地のひとつです。極北の自然に憧れていた私は、一九七八年に写真家としてアラスカに渡り、現在まで撮影活動を続けてきました。「アラスカはいつも、発見され、そして忘れられる」こんな諺がアラスカにはあります。十八世紀半ば、アラスカはロシアの毛皮商人に発見され、一世紀に及ぶ乱獲の結果、アザラシ、ラッコの群れは絶滅に近い状態となり、その狩猟生活に関わっていたアラスカ原住民（アリュート民族）に大きな影響を与えました。そしてアメリカの捕鯨業者に発見されたアラスカは、一八六七年、ロシアからアメリカへの譲渡に至ります。その後この土地は誰からも忘れられ、それが再び発見されたのは一八九〇年代のゴールドラッシュでした。発見され続けてきたこの土地では、アラスカ原住民の生活はいつも忘れられていました。

そして一九六八年、アラスカ北極圏における世界最大級の油田発見。それは大きな自然保護運動をまきおこしながら、現代文明を維持するエネルギーと、かけがえのない自然との関わりのなかで、人類の直面している環境問題のひとつのシンボルとなりました。また油田開発は、狩猟生活を営むアラスカ原住民との間に、一体アラスカは誰の土地なのかという問題を投げかけました。

私のこのプロジェクトのテーマは、北極圏油田開発により変貌しようとしているカリブーの季節移動と、その狩猟生活に関わるアラスカ原住民（エスキモー、アサバスカンインディアン）の記録です。舞台は北極圏国立野生生物保護区です。そしてカリブーの群れは、ここを出産地とするポーキュパイン・カリブー群です。このテーマの中で、とりわけ三つの焦点に絞りました。

一つは、一年を通したカリブーのライフサイクルの記録です。アラスカ北極圏を一千キロにも及ぶ季節移動をしながらさまようカリブーの旅は、地球上に残された野生動物のおりなす壮大なドラマのひとつです。人間による環境破壊、乱獲により、かつてアメリカ平原を埋め尽くしていたバイソンが消え、空を埋め尽くしていたほどのリョコウバトの最後の一羽が消えました。しかしアラスカ北極圏では、今なおカリブーの大群がツンドラをさまよい、その狩猟生活に関わるアラスカ原住民の暮しがあります。巨大な北極圏油田開発が始まった今、カリブーが同じ運命を辿らないように祈りながら、同時に今、記録しておかねばならない必要性を感じます。広大なアラスカ北極圏を移動するカリブーを捉えることは非常に困難を伴い、これまでほとんど記録が残されていないのです。

また、北極圏国立野生生物保護区で始まろうとしている油田開発が、この土地を出産地とするポーキュパイン・カリブー群にどのような影響を与えてゆくかを考えてゆきたいと思います。そのため、すでに油田開発が進んでいる地域との比較として、北極圏国立野生生物保護区の西に位置するプルドーベイと、その土地を出産地とする中央北極カリブー群を選びました。

最後は、アラスカ原住民と土地との関わりです。アラスカにおける油田発見は、長い間置きざりにされていたアラスカ原住民の土地所有権の問題に、ひとつの終止符をうちました。Alaska Native Claims Settlement Act（アラスカ原住民土地請求法案、略してＡＮＣＳＡ）というものです。狩猟民族であるアラスカ原住民にとって、土地は彼らの生活、文化の支柱です。油田開発、そしてＡＮＣＳＡが、アラスカ原住民と土地の関わりに何をもたらしたのかをまとめたいと思います。

カリブーと人間の関わり

考古学的物証によると、少なくとも二万七千年の間、人間はこの地域を季節移動するポーキュパイン・カリブー群の狩猟に関わってきました。それは最後の氷河期以前に遡ることになります。十九世紀以前にアサバスカンインディアンによって作られた、カリブーを捕獲するためのさく囲いなどは、過去二世紀の間、カリブーの移動のパターンがほぼ同じであることを示しています。それはまた、カリブーの狩猟が、地域的な共同作業であったことも物語っています。

極北に生きる人々にとって、カリブーは生活と文化の支柱となってきました。恐らくこの土地では、カリブーなくして人間の生存そのものが不可能であったでしょう。それは食生活を満たしただけではなく、脂肪は明りや料理に、毛皮はテント、ウミアックのカバー、寝袋、靴に、また骨は針や武器をはじめさまざまな用途に使用されました。

狩猟の季節は、夏の終りから秋にかけてが中心でした。服をつくるのに適した短毛の毛皮を得るためです。しかしその時期は、肉を保存するためにはまだ暖かすぎ、肉が腐敗してしまいます。そして秋から初冬にかけて、更にたくさんのカリブーを殺さなければなりませんでした。生活の必要を満たすために、たくさんのカリブーを必要としたのです。

ヨーロッパから銃が入ってくる以前、カリブーの狩猟には二つの方法がとられていました。ひとつは、カリブーが季節移動の途中で川や湖を渡るときを狙い、槍で突く方法です。この場合、カリブーが毎年渡らなければならない川、湖が狩猟の場所となりました。もうひとつは、さく囲いをつくり、移動中のカリブーの群れをそのなかに追い込む方法です。またこれ以外の方法で、石を積み上げ人間の形をつくり、これをいくつも組み合わせることによって、待ち伏せの場所へとカリブーを導く方法もあったようです。このような石のことをイヌクスイットと呼び、今日でもツンドラにその名残りを見ることが出来ます。

カリブーに依存していた極北の人々にとって、カリブーの移動がいつ、どこを通ってゆくかを予測することは大切なことでした。カリブーのポピュレーションが安定している時は、たとえ中心の群れがその場所を通らなくとも、生活を支えてゆくだけの小さな群れはやって来たでしょう。しかしカリブーの数が少ないときは、移動のルートを予測する事は生死に関わっていました。極北の狩猟民族にとって、カリブーのポピュレーションの変動は、周期的な飢餓、移住という危機をもたらしていたはずです。

カリブーの狩猟の不確実性は、社会構成にも影響をもたらしました。地域的な団結、あるいは血族関係は、狩猟の可能性を広げるための役割を果たしたのです。つまり、どこかで誰かがカリブーの季節移動をとらえることが出来れば、その獲物を分配することができるからです。チペワイアン（Chipewyan）という極北のインディアンの部族社会では、結婚は必ず異る狩猟グループの間で行われました。それにより、配偶者の血縁関係は全て同じ狩猟グループになるからです。極北の自然の一つの特徴は生物の拡散であり、それは狩猟の不確実性につながり、狩猟民族の社会構成に関わってきたのです。

当時、一体どれだけのカリブーを人間が捕獲、消費していたかを知ることは困難ですが、アナクトブクパス村の一九五四年における記録があります。この村は、アラスカの中でも最もカリブーに依存しているエスキモーの村です。この年、約二千頭のカリブーを七十五人の村で消費しています。当時、現金収入や、外からの食料品はありませんでした。そして百二十四頭の犬ゾリ用の犬が飼われており、その食料の大部分をカリブーが占めていたのです。おそらく、年間九百頭近くのカリブーが犬に与えられました。それは狩猟によるカリブーの捕獲数の半分になるのです。

一九六〇年代に入り、スノーマシーンが普及するにつれ犬ゾリは次第に使われなくなり、それはカリブーの消費量の減少につながりました。またスノーマシーン、エンジンボートの普及は行動範囲を広げましたが、それがどれだけ捕獲数に影響を与えたかは資料不足のためわかりません。

またカリブーへの依存度は、内陸エスキモー、インディアンの方が、海岸エスキモーに比べずっと強いです。なぜならば、海岸エスキモーは、クジラやアザラシをはじめとした海洋動物を得ることができるからです。アークティックビレッジとオールドクロウは、そのなかでも最もポーキュパイン・カリブー群の狩猟に依存してきた村です。

カリブーのライフサイクル

I　春の季節移動

カリブーのライフサイクルのなかで、春の季節移動は最も大切な時です。雌カリブーは、新しい生命を宿しながら、冬の生息地から数百キロも離れた出産地へと向かいます。約二ヵ月の旅の間、カリブーはさまざまな厳しい自然をくぐり抜けなければなりません。湿った春の重い雪、流れの早い雪解けの川、ブリザード、そしてオオカミやグリズリーが待ち構えているのです。春の季節移動といっても、移動が始まる三〜四月は、極北ではまだ冬の世界です。四月でさえマイナス四十度まで下がります。

何がカリブーの移動の引き金を引くのかはまだ良くわかっていません。ある年は三月中旬に移動が始まり、次の年は四月末まで始まらないのはなぜなのでしょうか。明らかにカリブーの季節移動はカレンダーとは無縁です。長く暗かった冬から、次第に伸びてくる日照時間がカリブーの生理的変化をもたらし、移動の引き金になると言われています。渡り鳥に関しては生理と渡りの関係が研究されていますが、カリブーの場合もきっと同じだろうとされています。冬の終りが近づくとカリブーは落ち着きが次第になくなり、群れを形成しはじめます。

そして、スノーコンディションの変化が、移動の最終的な引き金を引くのではないかと考えられます。日照時間の伸びと共に、太陽熱が雪面にサンクラスト現象を起こしやすくなります。つまり雪面は堅くなり、カリブーにとって雪を掘ってえさを得ることが難しくなるのです。一旦、移動が始まると、スノーストームや気温の変化がその速度を遅らせることはありますが、天候が回復し次第カリブーの群れは旅を続けます。

雪解けの遅い春は、移動のスタートも遅れます。そうなると、カリブーは出産までに目的の出産地に着くために移動のペースを上げなければなりません。わずか一日で六十キロも移動することもまれではありません。

移動中、カリブーは歩きやすい雪の浅い場所、また雪面がクラストしたルートをたどります。凍結した湖や川、あるいは山の稜線がカリブーの移動ルートになる理由です。また、雪の少ないルートは、えさを得やすいのです。雪の深い場所では、カリブーの群れは一本のラインになって進みます。また次にくる群れも同じ足跡をたどります。その道は雪の深さが無くなっただけでなく、雪面がさらに固くなり、冬の間消費し続け残った最後のエネルギーを節約できるのです。春の季節移動は、妊娠している雌カリブーの群れが最初に動き出します。前の年に生れた子どもは母親について、季節移動のルートやパターンを経験するのです。しかし、子どもによっては、特に雄の場合、移動の最後の過程で母親から離れていく場合もあります。また、不妊の雌カリブー、二〜三歳の若い雄も、妊娠している雌カリブーの群れから、移動の途中で脱落し遅れてゆきます。成長した雄の群れは、普通数週間遅れて移動を始め、そのペースも妊娠している雌に比べ、ずっとゆっくりしています。つまり雄の群れは、夏になるまで雌の群れと一緒になることはないのです。

カリブーは、明らかに移動することを学び得てゆくのです。もし子どもがその経験を出来なければ、季節移動に対する衝動は発達しないのです。

カリブーの春の季節移動は、ただ単に南から北へ向かうということではなく、むしろある決った出産場所に戻ってゆくと言った方が良いでしょう。どのようにして、一千キロにも及ぶ旅をしながら毎年同じ場所に帰ってゆけるのでしょうか。鳥のように、星や磁気を利用しているのでしょうか。このことについてはまだ解明されていないのです。

この時期、栄養不足、あるいは体内の胎児の発達を伴った雌の体はその脂肪を前年の秋の半分に減らしています。移動中のきびしい自然条件はさらに雌の体力を消耗させ、最悪の場合は子どもを失うことになります。

また、移動中、春の訪れが早く来過ぎた場合でも、カリブーは危険にさらされます。凍結していた極北の川が、早く開いてしまうからです。大きな氷塊がぶつかりあいながら流れ出した川を泳ぎ渡ることは危険であり、たくさんのエネルギーを消費してしまいます。しかし、出産という大きな役割を背負った雌を動かしている衝動は、危険を冒してまでもカリブーを川の中に飛び込ませてゆきます。最悪の場合たくさんのカリブーがおぼれ死にます。

Ⅱ　出産

カリブーの出産地は、長い旅を伴う一年のライフサイクルの中で最も大切な場所です。もちろんここでいう出産地とは、それ自体広大な土地を指します。と同時に、この広大な出産地も、カリブーが一年の間に季節移動をしながら動く全域の、わずか一〜二パーセントに過ぎません。アラスカにはカリブーの大きな群れがいくつかありますが、どの群れに属しているかの分類はどこで出産しているかによって決ります。つまり、一つの群れのカリブーは広い地域に分散していますが、春の季節移動とともに同じ出産地へと向かうのです。

私たちが出産地と、そうでない地域の違いを見ることは難しいですが、長い旅の末、カリブーが毎年繰り返し帰ってくるその地域に入ると、いかにも安住の地を得たように見えます。まずペースが極端に落ち、長い一列のラインは分れてゆきます。もし移動がスムーズにいっていれば、カリブーは出産の約一ヵ月前に出産地に入ります。悪天候や深雪などで移動が遅れた場合、出産はその途中で行われます。しかし、子どもが歩けるようになるやいなや、再び出産地への旅が始まります。春の季節移動と、カリブーを出産地へと向かわせる衝動は、それほど強いつながりを持っているのです。

出産は、短い期間の間に同時に起こります。七十五パーセントの子どもは五日以内に、また全ての出産は二週間のうちに完了します。出産時期は群れによって異なりますが、五月下旬から六月初旬にかけて集中します。懐胎期間は二百二十八日間とされていますが、きびしい冬を過ごした年は、栄養不足により出産が遅れることがあります。

たくさんの子どもが同じ時期に生まれるといっても、実際にそれを見ることは困難です。出産前の雌は極度に神経質となり、出産自体が数分という短い時間で終ってしまうのです。時々、長い胎盤が母親からなかなか離れず、そこから病気が伝染し、死に至る事があります。

一つの群れの八十〜九十パーセントの成獣の雌は毎年妊娠し、一頭の子どもを生みます。それぞれの群れによっての違いは、何歳で初めての出産をするかです。それは、その群れの生息地における採食状況に関わっています。比較的えさの豊富な地域の群れは、二〜三歳で初めての出産をします。そうでない地域では四歳以前に出産をすることはまれです。

出産直後、母親は子どもを舐め、胎盤を食べてしまいます。最初の一〜二時間で子どもは立ち上り、ミルクを飲み始めます。二十パーセントの脂肪を含むカリブーのミルクは海洋哺乳類に次いで栄養価が高いのです。しばらくすると母親は歩き始め、低い独特な声と、頭を上下に振るしぐさで、子どもを呼びます。子どもはそれにより力づけられ、歩き始めるのです。

生まれたての子どもは本能的に親を認識する事は出来ません。誕生直後、初めて見る身近かにいるものを親と判断するのです。それがもし人であれ何であれ、その後をついていこうとします。最初の数日間で、子どもにとって一生のきずなが組みこまれるわけです。つまり、子どもは親を知り、認識することを学ばなければならず、その最初の数日間が最も重要な時なのです。母親もまた匂いをかぐことによって、自分の子どもを認識します。しばらくすると、親子はお互いの声を聞き分けられるようになり、さらに時間がたつと姿により大きな群れの中でも見分けることが出来るようになるのです。

親と子のきずなができあがる出産後の数日間、母親は他の子どもを寄せつけません。近づいてくると、頭を低くして角で追い払うのです。また出産前に、母親は前の年に生んだ子どもを追い払っており、行き場がなくなった一歳児は他のグループに入ってゆきます。このような母親の攻撃的な行動は、生んだばかりの子どもとのきずなをつくるために必要なのです。

子どもの成長は早く、数日もすれば人間が追いつくこともできなくなり、出産後離れていた群れの中に戻ってゆきます。突発的な事故により迷子になった子どもは、ひたすら母親を捜します。他の雌がこのような子どもを育てるということはなく、母親を失った子どもは生きてゆくことはできません。クマやオオカミが徘徊するこの時期、母親の存在は子どもの生死に関わっているのです。

誕生後、しばらくは母親のミルクだけに頼っていますが、草を採食し始めるのに時間はかかりません。二週間もすれば胃の中にバクテリアが成長するからです。三週間以内には、子どもは約二倍にも成長します。七月の中旬頃には、授乳の回数は大きく減少しています。

毎年出産のために同じ地域に引きつけられるということは、出産地には何か子どもの生存のために有利な条件があるに違いありません。しかし私たちの目には、出産地は荒涼としたツンドラにしか見えないのです。考えられるひとつの良い条件として、捕食者の少なさがあります。特にオオカミです。カリブーの出産の時期、オオカミもまた巣穴で子どもを生まなければなりません。しかし、カリブーの出産地はオオカミの巣穴には適さないのです。

もう一つの理由に、夏にカリブーを悩ます昆虫が考えられます。時には食べることも眠ることもできないほどに苦しみ、しだいに元気を失い、衰弱していきます。特にこわいのは、トナカイヤドリバエとトナカイハナバエです。これらの昆虫が発生する時期は、出産地のほうが冬の生息地より約一ヵ月遅れます。これにより、出産後の親と子の大事な時期を昆虫に悩まされずにすむのです。また、親にとっても子どもにとっても、昆虫が発生する前にそれに対処するだけの栄養を貯える時間ができるのです。

また、出産地における雪解けの早さと、すぐ後に現われるワタスゲも良い条件です。スゲ科の花は、授乳のためにたくさんのエネルギーが必要な母親に、たくさんの栄養を供給するのです。このように、春の季節移動と出産地の選択は、極北の自然環境での生存のための適応なのです。

同じように出産過程そのものが、生存のために進化してきました。カリブーの胎盤のつながりは、他の動物にくらべて単純にできていて出産を楽にしています。また、わずか一頭の子どもしか生まないということも、生存のための適応といえるでしょう。つまり、出産と成長の早さが、捕食者に見つかりやすいオープンな土地における生存のための方法なのです。

Ⅲ　夏［post-calving aggregation］

夏の一時期、散らばっていた群れは次第に集合し、巨大な群れを形成します。これを、post-calving aggregation といい、名前の通り、出産してからほどなく始まります。冬の生息地はばらばらでも、出産地を同じとする群れのカリブーは、この時全てが集合し、いくつかの大きな群れになるのです。時にはその数は十万頭にも達し、それがひとつの群れとして動いている様は、まるで巨大なアメーバーのようです。

post-calving aggregation は、六月下旬から七月上旬にかけて起こります。この時期までに、遅れていた雄の群れも出産地に入り、雄だけの大きな群れをつくるか、あるいは子どもを持った雌の巨大な群れと合流します。しかしその場合でも、雄と雌は不規則に混ざることはありません。

post-calving aggregation は、蚊の発生時期と丁度重なります。北極圏国立野生生物保護区を出産地とするポーキュパイン・カリブー群を例にとると、蚊の発生する前の六月下旬には、カリブーは保護区全域に拡散しています。そして蚊が発生するや否や、カリブーは集まり始め、巨大な群れをつくり始めるのです。

夏の極北で発生する蚊の数は、実際想像を絶します。ツンドラが、格好の蚊の繁殖地を提供しているからです。極北の降水量は少ないのですが、ツンドラの下は永久凍土層になっているため、くぼみの多い地表に小さな水たまりがたくさんできるのです。そして、一日中沈まない夏の太陽に暖められたみずたまりは、絶好の蚊の繁殖場になります。

この時期のカリブーの行動は、蚊によって支配されていると言ってもよいのです。カリブーの群れは、ひたすら蚊から逃れようと動き続けます。風のない暖かい日には、蚊の襲撃はピークに達し、カリブーはより大きな、また肩と肩がくっつく程ぴったりとした群れをつくります。そして群れの動きは早くなり、落ち着きがなくなります。蚊は、カリブーの体の毛のうすい場所、あるいは目、耳、鼻にまとわりつきます。蚊から逃れるために、カリブーの群れは風に向かって動きます。風の強い海岸線、山や稜線に、大きな群れを見つけることができます。また、残雪の上は気温が低いため蚊が寄りつかず、一時的な休息場になるのです。

カリブーは、蚊や他の昆虫に悩まされている間、ゆっくりと採食したり反芻したりすることができません。また、我慢のできなくなったカリブーの群れはパニック状態になり、気が狂ったように走りだし、親と子がばらばらになってしまう場合さえあります。

きびしい冬を越し、長い季節移動の末出産を終えたカリブーは、すでに体力の貯えがありません。その上、蚊や他の昆虫から逃れるために、さらにたくさんのエネルギーを消費することになるのです。この時期、一頭のカリブーは、一週間で約一リットルの血を失うといわれています。また、ぼろぼろになった冬毛は落ち、新しい毛にはえ変わるのもこの頃です。角の成長もピークに達し、これらの体の変化は、たくさんの栄養を消費します。一年を通して、この時期はカリブーの体力が最も低いレベルにあるといえるでしょう。ただ幸運にも、カリブーが食べているツンドラの新芽や花は、特に豊富な栄養をこの時期含んでいるのです。

post-calving aggregationという大きな群れをつくるもうひとつの理由に、オオカミやグリズリーなどの捕食者との関係が考えられます。大群をつくるということは、捕食者にたいして一頭のカリブーへの集中力をかわすという利点があるのですが、逆に、ツンドラのようなオープンな土地では拡散しているよりも発見されやすいという不利な点があるのです。

七月の終わりから八月初めにかけて、大群は突然散らばってゆきます。それは蚊の大群が消滅するのとほとんど同時です。しかしこの頃、蚊にかわってトナカイヤドリバエとトナカイハナバエが大発生するのです。カリブーは特にこの二種の昆虫に敏感に反応し、それがかえってpost-calving aggregationの解体に拍車をかけると考えられます。

トナカイヤドリバエは、カリブーの足の表面に卵を生みつけ幼虫を寄生させます。数週間カリブーの体内にすんだ幼虫は、足から背中に移動し、皮に穴をあけてはい出します。けれどもカリブーをほんとうに苦しめるのはこの幼虫よりも、足に卵を生みつけようとする雌バエの大群です。これに襲われたカリブーは体を硬直させ、鼻づらを下げ、頭を振り、ひづめで地面をけり、恐怖でパニック状態になります。十頭のカリブーのうち九頭はトナカイヤドリバエにやられているのです。トナカイハナバエもまた、カリブーの鼻孔に卵を生んで幼虫を寄生させます。

post-calving aggregationが解体すると、それぞれの群れは、冬の生息地へ向かっての長い旅が始まります。春の季節移動で歩きやすいルートの役割を果たした凍結した川は、帰り道では障害物として待ち構えています。カリブーは泳ぐことに優れていますが、このときもまた捕食者の危険にさらされます。オオカミやグリズリーは、川を渡る前のカリブーの群れを襲うことが多いのです。

夏の間、死亡率が最も高いのはやはり春に生まれた子どもです。七月中に、約五十パーセントの子どもが死亡していることがあります。

Ⅳ　秋の季節移動

秋の季節移動は、再びツンドラ地帯から森林地帯への逆戻りの旅です。春の季節移動の中心が、雌の出産の旅だったのに対し、秋は雄と雌とが一緒になって移動します。秋はカリブーの繁殖期なのです。

八月、夏のpost-calving aggregationの季節が終わると、カリブーは広く分散してゆきます。百頭以上の群れというのはまれになってきます。昆虫の襲撃から解放されたカリブーは、ゆっくりと採食をしながら移動を続けます。体に脂肪をつけ始めるのもこの時期です。

夏の終わりから秋の初めにかけて、カリブーは高山地帯で過ごすようになります。山の上ではまだ残雪が溶け続けており、それに加えて気温の低さは、生物の成長をゆっくりとさせているため、この時期でも栄養価の高い採食をすることができるのです。また、同じように、緑が長く残っている湿地帯のスゲやトクサ類を好んで食べています。これらの植物が枯れてくると、カリブーは地衣類などの冬の主要食物を食べ始めます。特に雄は、交尾期に入るまでにたくさんの脂肪を体につけてゆきます。成獣の雄は、七〜九月の終わりにかけて、二十パーセント以上体重を増やします。雌もまたこの時期体重を増やしますが、約十パーセントにとどまります。短い繁殖期に雄は貯えたエネルギーのほとんどを消費しますが、雌はほとんど変わりません。

八月後半〜九月初めにかけて、雄は袋角のベルベット状の皮膚を木にこすりつけながら落とします。そして骨質の角が現われてきます。雌は、交尾期に入る十月まで完全にはベルベットをおとしません。

初雪は、秋の季節移動の動きを早めます。そして最初のブリザードは、更に冬の生息地へのペースを早めます。もし、比較的穏やかな天候が続くと、移動のペースは落ち、時には完全にストップさせます。冬の生息地である森林地帯まで移動せず、冬中ツンドラ地帯で過ごすこともあります。こういうケースは、おそらく最初のブリザードが来るのがとても遅れたため、それがくる前に生理的な、移動を促す衝動を失ってしまうからです。

繁殖期における雄同士の闘争、そして交尾は秋の移動中に行なわれます。最も強い雄がそのグループと交尾をしますが、雄の体重の増加、角の成長は六歳迄続くので、交尾に関わるほとんどの雄は五〜十歳までです。しかし雄の死亡率は高く、十歳以上生きる雄のカリブーは少ないと言ってよいでしょう。

おそらくどのカリブーの群れでも、雌の数が雄を上回ります。二対一かそれ以上かもしれません。雄の死亡率の高さには、いくつかの要因があります。ひとつはハンティングです。ハンターは、より大きく、脂肪の多い雄を狙います。また生物学的に、雄の寿命が雌より短く進化してきたようです。

V　冬

一年のうち、約八ヵ月間、雪が地上を覆う極北では、カリブーにとって冬は季節というより生活そのものです。雪の中で生まれ、雪のなかで死んでゆくと言えます。マイナス五十度までに下がる極北の自然の中で、カリブーは、唯一そこに適応したシカ科の動物です。

きびしい極北の冬は、カリブーの一年のライフサイクルの中で、実は最も危険の少ない季節なのです。寒さに対する適応としてカリブーの被毛は、シカ科のうちでいちばん豊富です。ふさふさした被毛は、秋にはえ変わったものであり、カリブーの冬毛は熱に対する絶縁性が非常に高いのです。カリブーは、マイナス五十度の気温にも耐える事ができますが、一方走った後など、体温を下げる必要がある時、熱の放散が出来ません。呼吸のリズムを早め、熱の余剰の一部分を放出することは可能ですが、その被毛のために熱の大量放散は妨げられています。このことは、カリブーが温暖な地域では生息できない原因にもなりますが、寒い地域では有利なのです。

このような被毛の効果は、密生した羊毛状の綿毛が原因です。そして、これらの下毛をおおい、寒さに対して最初の防壁になる長い粗毛も重要な役目を果たしています。というのは、粗毛の中は空洞で、熱に対する絶縁の働きをしているからです。

カリブーの毛皮は厚く、他の動物の毛皮に比べて最も暖かいといえるでしょう。極北に生きるエスキモー、インディアンにとって、毛皮を得ることは肉を得る以上に大切なことだったはずです。食物は魚や他の小動物を取ることによってまかなえましたが、カリブーの毛皮から作った衣類に代わる物が無かったのです。

カリブーはまた、天候そのものにもうまく適応しています。気温が下がってくると、カリブーはより活発な採食行動をします。雪の下のえさを掘りながらの採食は体を暖め、また胃の中の発酵作用を通して熱を得ることができるのです。

このように、寒さはカリブーにとって大きな障害にはなりませんが、雪はカリブーの冬の生活に大きく関わっています。深雪はエネルギーを消費させ、採食を困難にし、また捕食者から狙われやすくさせるのです。最も悪いのは、一度溶けてまた再び凍結したクラストした雪です。堅くなった雪面は、その下にある冬の食物を掘り起こすことを困難にさせるからです。

カリブーの冬の生息地の選択は、雪の状況に関係しているはずです。つまり、できるだけ雪が浅く、軟らかい地域を選んでいるでしょう。もちろん、そこには地衣類などの冬の食物が豊富になければなりません。カリブーが、冬の生息地への季節移動でツンドラを離れるひとつの理由に、森林地帯の比較的軟らかい雪質が考えられます。風にさらされているクラストしたツンドラ地帯の雪は、えさを掘り起こすことが困難なのです。

カリブーは嗅覚により、雪の下のえさを捜し出すことができます。三十センチくらいの積雪なら問題なく、それ以上の深さの場合は、雪面から出ている枝などに沿った空気通風から嗅ぎつけることができるのです。

カリブーの小群は、数時間同じ場所で採食をするとまた移動をします。同じ場所で、えさを捜しながら雪を踏み固めてしまうため、しばらくするとその場所は採食に不適当になってしまうのです。それは、ひとつの地域が食べ荒らされるのを防ぐ効果をもっています。

森林地帯で冬の間採食をするカリブーも、休息したり反芻する時は、凍結した川や湖など、広い地域が見渡せるオープンな場所にでます。それは、オオカミに対しての防衛本能なのです。カリブーの捕食者に対しての武器は逃げることだけですから、できるだけ遠い距離で危険を察知しなければならないのです。グループは休息しているときでも、全ての方向に向きながら休んでいるのです。

雪面がカリブーの体重を支えられる程固くクラストすると、カリブーはその上から樹上の地衣類を食べることができます。これもまた、冬の森林地帯への移動の理由かもしれません。

冬の間、カリブーの新陳代謝や生理はスローダウンします。栄養のとれないこの時期を乗り切るのは、いかにエネルギーをセーブするかにかかっているのです。新陳代謝は二十パーセント以上低下し、十一〜四月迄は全ての成長が止まるのです。それにもかかわらず、冬が進むにつれて体力は低下してきます。しかし、どんなにきびしい年でも、大量のカリブーが餓死するということはまれです。もし群れの中でそのようなケースがあるとすれば、その年に生まれた子どもか、一年子がまず倒れます。体に貯えられた脂肪が、まだ少な過ぎるからです。

おそらく、カリブーの最も大切な極北の自然に対する適応は、食物として地衣類に依存できることでしょう。この原始的な植物は、ツンドラ、森林地帯を問わず極北に広く分布しています。しかしカリブー蛋白質の含有量は低いため、他のどの動物も地衣類で生きることは出来ません。しかしカリブーはできます。なぜならば、カリブーは尿を再利用するという特別な体のしくみを持っているからです。冬の間、カリブーは六十パーセント以上の尿を胃の中に戻します。そこで尿の中に含まれた窒素を再利用するのです。窒素は、蛋白質合成の中心的な構成要素ですので、窒素の再利用という能力を持ったカリブーは、蛋白質価の低い地衣類を食べて生きてゆけるのです。

プルドーベイ油田開発

プルドーベイは、北極圏国立野生生物保護区から百マイル程西に位置する油田開発地域です。北極海沿岸の油田開発は一九二〇年頃から始まっていますが、大規模な油田開発は、一九六八年のプルドーベイにおける油田発見から始まります。ここは、Central Arctic Caribou Herd（以後、中央北極カリブー群と訳す）と呼ばれる、一万二千〜一万四千頭のカリブーの群れの生息地になっています。

アラスカ野生生物局は、プルドーベイの油田開発が中央北極カリブー群に与える影響に関しての調査を現在行なっています。私は、一九八六年の夏にこの調査に参加し、その報告も含めて、現在までの調査結果をまとめたいと思います。それは、近い将来始まろうとする北極圏国立野生生物保護区における油田開発が、ポーキュパイン・カリブー群に与えてゆく影響を予測する上で、貴重なベースになると思われるからです。

大まかに分けると、カリブーの夏の生息地は北極海沿岸、冬はブルックス山脈北山麓となります。したがって、北極海沿岸の油田開発は、カリブーの出産地、蚊の襲撃からの逃避地域と重なりました。これは、北極圏国立野生生物保護区の状況と全く似ています。

油田開発がカリブーに与える影響として、いくつかのカテゴリーに分けられると思います。まず、生息地の直接的な縮小、開発地域に対する忌避行動、そして昔からの移動パターンへの障害です。また潜在的な影響として、開発に関わる飛行機、車、人がカリブーに与えるものが考えられます。

生息地の直接的な縮小というのは、開発により掘り起こされた土地、砂利などに覆われた土地を指します。プルドーベイ地域では、そのような土地は約三千二百ヘクタール（八千エーカー）に及びますが、それは、そこから派生する土地の破壊は含んでいません。しかしそのような直接的なカリブーが利用できる土地の減少は、開発自体に関わる建物、人間の活動地域を忌避することによって失われた生息地の大きさに比べれば、とるに足りません。

開発に関わる飛行機の低空飛行は、カリブーを恐がらせ、逃げることからくる体力の消耗、採食時間の減少、親子のつながりの分離などにつながります。特に出産時期、蚊の発生時期は、飛行機に対する反応が強いようです。

また、道路やパイプラインなどの線型、採掘場所での点型の開発地域に対するカリブーの反応が観察されています。それは、カリブーの群れの大きさ、構成、時期、開発の種類、大きさによって、反応はさまざまです。例えば、油田採掘場所に対する忌避行動、つまりその点に対し近づこうとしない距離は、平均して二キロメートルと観察されています。また、親子のカリブーは特に、パイプライン周辺に近づこうとしません。プルドーベイ地域は、中央北極カリブー群にとって伝統的な出産地、蚊の襲撃からの逃避地域でしたが、現在はほとんどこの地域には入ってきません。

道路やパイプラインに対する、カリブーの横断成功率は、その状況によって異なります。成功率の高い順からあげると次のようになります。

1　完全に埋められたパイプライン
2　交通量のない道路
3　地上に高くつくられたパイプライン
4　交通量のある道路
5　パイプラインと交通量のない道路が隣接している地域
6　パイプラインと交通量のある道路が隣接している地域

一時間平均、十五台の交通量は、カリブーの横断成功率を著しく減少させます。また一時間平均六台の交通量は、それ程大きな影響を与えません。この数字が、どのような状況にも当てはまることでは決してありませんが、交通量の違いがどれだけのインパクトを与えるかの目安になります。

また横断成功率は時期によっても異なります。蚊の少ない時期、出産時期は、パイプラインや道路が障害となりますが、そうでない時期、特に蚊の大発生時は、それからの逃避地域への移動のため、横断成功率は高くなるのです。群れのサイズも横断成功率に関わっているようです。一般に大きな群れは、小さな群れに比べて開発地域を避ける傾向にあります。

しかし、全般的に見ると、プルドーベイ地域での中央北極カリブー群は、少しずつこの油田開発地域に順応しつつあるようです。しかしそのことを、北極圏国立野生生物保護区におけるポーキュパイン・カリブー群に当てはめることは難しいように思います。なぜそうなのかを、次に地域性、カリブーの群れごとの違いをみながら考えたいと思います。

北極圏国立野生生物保護区

この地球上で、まだ人間の手が加えられていない地域がわずかだがあります。北極圏国立野生生物保護区がそのひとつです。そしてここは、北アメリカで最後に残された原始自然の土地です。この保護区はアラスカ州の北東部に位置し、北極圏を横切るブルックス山脈の東部と北極斜面の一部を含んでいます。この北極斜面とは、ブルックス山脈の山麓から北極海沿岸までなだらかに傾斜する広大なツンドラ地帯です。ここは、カリブー、ハイイログマ、ホッキョクグマ、オオカミ、ジャコウウシ、ドールシープなど多種多様な動物たちのすみかであり、さまざまな渡り鳥が巣づくりをする場所でもあります。これだけ生態系が手つかずに、完全に自然の状態で維持されている土地は、地球上にもほとんど残されていないでしょう。特にここは、十八万頭にも及ぶポーキュパイン群とよばれるカリブーの群れの、長い季節移動の末の出産地になっています。

北極圏国立野生生物保護区は、一九六〇年、アメリカ合衆国内務長官命令に基づいて創立され、連邦政府野生生物局の管理下にある同地域は、北極圏の植物相と動物相を自然状態のままに保護するため指定された土地です。そしてまた、アラスカ北極圏の他の地域で天然資源の開発、とくに油田の掘削によってまちがいなく起こるであろう自然界の変化過程と比較する基準として、観察、利用する目的があったのです。つまり、ここだけは将来いかなることがあろうとも開発の対象から外し、自然状態のまま残していこうとしたのです。

一九八〇年、アメリカ議会はAlaska National Interest Lands Conservation Act（ＡＮＩＬＣＡ）という法案を通過させ、アラスカの三十万平方キロ以上の連邦政府の土地が、国立公園や野生生物保護区として区切られました。これにより、北極圏国立野生生物保護区は、三万三千平方キロから、六万六千平方キロに拡大されました。

そしてこのＡＮＩＬＣＡ法案に関し、アメリカ議会が最も関心を寄せていたのが、北極圏国立野生生物保護区でした。それは、この土地がアメリカで最後に残された原始自然の状態であるということだけでなく、ここに莫大な原油と天然ガスが眠っている可能性が強いということに対してでした。一九八六年、アメリカ内務省は、北極圏国立野生生物保護区における資源開発を議会に提案しました。この対象となった地域を、１００２地域と呼びます。そこは、野生生物保護区の北極海沿岸ほぼ全域を占めます。

１００２地域

カリブーの一年のライフサイクルのなかで、１００２地域は二つの重要な役割をもっています。それは、出産と昆虫の襲撃からの逃避場所です。この夏の時期、一万二千〜一万四千頭の中央北極カリブー群のうち三千〜四千頭が１００２地域を利用します。また、ポーキュパイン・カリブー群にとっては、十八万頭のほとんど全てのカリブーが１００２地域を利用しています。

１００２地域の油田開発が始まった場合、直接的、間接的な、カリブーの生息地への影響が考えられます。まず、全体の〇・三パーセントの土地が、砂利などによって埋められ、カリブーにとっての採食地、出産地としての意味を失ないます。そこから派生してくる影響として、水流の変化、道路際から広がる汚染は植相を変えてゆき、更にカリブーの生息地の価値が失われます。

最も大きな間接的な影響は、これらの開発地域に対するカリブーの忌避行動です。それは１００２地域全体に広がると予想されます。パイプライン、道路、また開発に関わるさまざまな建築物は、１００２地域における開発の対象となっていない場所への移動も妨げていくでしょう。特に昆虫の襲撃からの逃避場所として重要な、北極海沿岸への移動を妨げるのではないかと考えられます。この時期、子どもをもったカリブーは、一年の中で最も神経質になっている時です。そして昆虫の襲撃から逃れようとするカリブーは、体力が最も低下しているこの時期、さらにたくさんのエネルギーを消費しなければならないのです。

もし１００２地域で油田開発が始まった場合、カリブーへの影響は避けられません。開発地域に対する忌避行動は、伝統的な出産地を放棄する可能性があります。私たちの目には、極北のツンドラ地帯はどこも同じように見えますが、カリブーにとって重要な地域にはいくつかの理由があるのです。早い雪解けとそれに伴う植物の生長、比較的少ない捕食者、昆虫の襲撃からの逃避地域が近接していることなどの特長が重なっているのです。それは特に親子のカリブーの行動に密接に結びついています。プルドーベイにおける油田開発で、中央北極カリブー群は伝統的な出産地を放棄したことが記録されています。

１００２地域は、ポーキュパイン・カリブー群にとって出産の中心となる場所で、開発の影響はこの群れの出産率を低下させることが考えられます。群れをつくる草食動物がその出産地を失うということは、直接その群れのポピュレーションの減少につながる可能性が強いのです。けれども、すでに長い間油田開発が続いているプルドーベイの場合は、今日までそのような影響が見られていません。ここを出産地としていた中央北極カリブー群は、全体のポピュレーションに変化がないのです。これにはいくつかの理由が考えられます。まず、油田開発により失った、あるいは避けるようになった地域は、全体の出産地の一部分であったこと、またそれに代わる良い土地が隣接していたことがあげられます。また、出産地におけるカリブーの密度が、中央北極カリブー群はポーキュパイン・カリブー群にくらべてはるかに低いということも理由に考えられるでしょう。この二つの群れの出産地の大きさはほぼ同じですが、ポーキュパイン・カリブー群の数は、中央北極カリブー群の約十五倍もあるわけです。またポーキュパイン・カリブー群の出産地のまわりには、よりたくさんのクマやオオカミがいるため、出産地を失うことによる影響はずっと大きいと考えられます。

ポーキュパイン・カリブー群の出産地における密度は、一マイル四方に約五十頭といわれています。また出産地の七十八パーセントは、1002地域内に入っています。つまり、1002地域はポーキュパイン・カリブー群にとって、放棄することのできない非常に重要な出産地であり、油田開発がどれだけの影響を与えてゆくのか予測することができません。

同じように道路やパイプラインなどの障害物も、出産地への移動ルートを妨げることにより、カリブーの出産率に影響を与えます。最も心配されるのは、post-calving aggregationの動きを妨げることです。この夏の一時期におけるカリブーの大集団の形成は、1002地域で毎年起こります。大群は、内陸の採食地域から、昆虫からの逃避場所である北極海沿岸へ移動しますが、道路やパイプラインの障害物は、カリブーの北極海沿岸の放棄につながる可能性があります。この昆虫の発生する時期は、カリブーの一年のライフサイクルの中で最も辛い時なのです。特に昆虫に悩まされる子どもは、その成長を著しく低下させられ、冬の死亡率を高めます。成獣にも同じことがいえます。昆虫の襲撃からの逃避は、採食活動を妨げると共に、たくさんのエネルギーを浪費させるのです。

また、開発は道路の建設等を通して、より容易に人間をカリブーに近づけさせる可能性をつくり、狩猟の増加につながります。さらに重要なことは、それがカリブーの開発地域からの忌避行動に拍車をかけ、より大きな生息地の損失になるのです。

これまでのことを総合すると、ポーキュパイン・カリブー群の、約二十五パーセントの出産地、三十パーセントの昆虫からの逃避地域が開発によって失われます。そして、もし開発そのものがカリブーの移動の障害となるのならば、沿岸に広がる約八十パーセントの昆虫からの逃避地域が失われるでしょう。それは、ポーキュパイン・カリブー群のポピュレーションを、二十〜四十パーセント減少させる結果になるだろうと予測されています。

カクトビク村

人口百八十五人、四十六家族のエスキモーが住むカクトビク村は、北極圏国立野生生物保護区の北に隣接しています。１００２地域で油田開発が始まると、最も大きな影響を受けるのがカクトビク村です。この村のカリブーの狩猟地域は、北極圏国立野生生物保護区内で、特に１００２地域に集中しています。

狩猟生活は、カクトビク村の人々の生活パターンの中心です。村の家族全体の二十パーセントは、食料の全てを狩猟生活から得ています。また六十五パーセントの家族は、食料の大部分を同じように狩猟生活から得ています。

狩猟の最も忙しい季節は春から夏にかけてです。長い日照時間、比較的温和な気候、そして生物相の豊かな季節です。しかし六月から九月にかけては雪が無くなるため、陸上の旅は困難になります。また川の水量が少ないため、ボートを使って内陸部に入ってゆくことも容易ではありません。しかし七月までに北極海の海氷が消えるため、ボートを使って海岸線に沿った旅が可能になります。また、雪が積もり川が凍結する十月から五月にかけては、スノーマシーンを使って内陸部への旅を著しく拡大させます。冬の間は、ブルックス山脈の麓や谷が狩猟生活の大切な場所となります。

カクトビク村の人々の食生活において、カリブーはその中心を占めます。一年を通して新鮮な肉を得られるだけでなく、春から夏にかけてとった多くのカリブーは冷凍、あるいは干物にして保存されます。また、村のさまざまな祭り、祝い事の際になくてはならぬ肉となります。そしてカリブーの毛皮は、今なお衣服、靴、ブランケットに使用されています。

カクトビク村の約八十パーセントのカリブーの狩猟は、1002地域内で行なわれています。出産後の六～七月にかけて、カリブーは大発生した蚊を避けるため、大きな群れをつくりながら北極海沿岸に移動します。風の強い海岸線は、蚊を避けるための大切な場所になります。そしてカクトビク村のカリブーの狩猟は、この海岸線に沿って集中します。

1002地域の油田開発は、カリブーの海岸線への移動の障害となる可能性が強いと思われます。カクトビク村のカリブーの狩猟の成否は、群れがどれだけ海岸線に近づくかにかかっています。一九八一年の七月、カリブーの捕獲数はわずか三頭にすぎませんでした。カリブーが海岸線に近づかなかったからです。しかし翌年はたくさんのカリブーが海岸線に集まり、七月の捕獲数は八十二頭でした。カリブーの季節移動のパターンをブロックするような形で始まろうとする、1002地域における油田開発は、それ程カクトビク村の狩猟生活の将来に関わっています。

カクトビク村の油田開発との関わりは、わずか百二十マイル西に位置するプルドーベイの油田発見から始まりました。石油からの収入は、この地域一帯に新しい富をもたらしました。雇用機会の増加、新しい家、学校、医療施設の確立などがそれです。その意味では、村の人々は石油収入からくる生活状態の向上を感じています。

しかし同時に、古くからの富、いわゆる伝統的な生活をそのために犠牲にすることを恐れています。西欧文化の波が急速に押し寄せ、生活形態は大きく変わりつつありますが、狩猟生活は今なお人々の暮らしの支柱です。カクトビク村の狩猟の中心は、カリブー、クジラ、魚、そして渡り鳥です。そしてそれを生み出す土地と海は、人々が最も関心を寄せ大切にしています。石油収入からの生活の向上を感じながらも、開発から派生した野生動物、魚の減少、また村社会における昔からの助け合い、分配の習慣の変化を感じています。

１００２地域の油田開発について、カクトビク村の人々は大きな不安を抱いています。しかし北極海沿岸のエスキモーの村々を代表する、Arctic Slope Regional Corporation（北極海沿岸地域株式会社）は、全面的に１００２地域の油田開発を支持しています。同じアラスカ原住民でありながら、なぜこのように村と地域の求めるものが異なるのでしょうか。

次にこのアラスカ原住民と土地との関わりを理解する上で重要な、Alaska Native Claims Settlement Act（アラスカ原住民土地請求法案）の仕組みと問題点について考えたいと思います。

アラスカ原住民と狩猟生活に関わる土地

I　アラスカ原住民土地請求法案（ANCSA）制定に至るまで

百年以上も昔、アメリカ合衆国がアラスカをロシアから買い取ってわずか二年後の一八六九年、アラスカ南東部のインディアン、クリンギット族とハイダ族が、連邦政府に対して、自分たちの土地を不法に売買したといって抗議したことがありました。しかし、その契約によってアメリカが買い取ったのは土地そのものではなく、単なる課税権と統治権だけでした。土地はここに初めから住みついていたエスキモー、アリュート、及びインディアンのさまざまな種族のものと見なされ、アラスカ準州政府成立を定めた一八八四年の基本法の中でそのことが承認されています。つまり、原住民は「使用中または占有中、もしくは現在所有権を主張中のいかなる土地の所有も妨げられない」と明記されています。そしてこれが、アラスカ原住民土地請求権の根拠となっています。問題はこれまで議会が原住民に対して、それぞれの土地所有権の範囲を決める法律の制定を怠っていたことでした。それは緊急に決めなければならない要件ではなかったし、原住民自身、彼らの権利がおびやかされると考える理由もなかったからです。

一九五八年、州昇格を定める法律が成立し、アラスカ州が誕生しました。この法律によって、州は二十五年間に四十一万九千平方キロの土地を、連邦政府が特別な目的および保護区と指定していない国有地の中から州有地として取得できることになったのです。そして議会は、原住民の土地請求権を保護するために次のように定めました。すなわち、「州およびその住民は、エスキモー、インディアン、もしくはアリュートのいずれかに保有される土地、財産、使用権または所有権の及ぶものに対しては、使用もしくは所有の権利主張を永久に行なわないことに同意し、宣言する」となっています。

しかし州にとっての最大の誘惑は石油発見の可能性のある土地であり、その中には北極海沿岸地帯の八千平方キロも含まれていました。この全域は以前からエスキモーの猟と漁業の土地だったにもかかわらず、州はこの土地を原使用者および使用者なしと主張しました。その土地は一九六四年に連邦土地管理局から州に移譲され、同じ年に州はその土地について最初の鉱区公開を行なっています。当時この権利譲渡のことを知るエスキモーはほとんどいませんでした。

一九六六年までに連邦土地管理局はアラスカに対して二万三千五百平方キロを移譲し、三万二千平方キロに対して仮認可を与え、更に州は五万平方キロの選択と申請を行なっています。これらの土地の大半は原住民土地請求権の対象になる場所であったので、大きな問題が起こりました。その結果、議会は原住民の土地権利問題が落着するまでそれ以上の土地譲渡を停止し、連邦所有地についても新たな石油およびガス鉱区の設定を差し止めました。

一九六六年、それまで分かれて土地請求権運動を行なっていた団体は、アラスカ原住民協会を結成しました。土地は彼らの最大の関心事でした。彼らの刊行物「原住民のアラスカ」に「ゆずり得ぬ正義の一線」として次のように書かれています。「……アラスカ原住民にとって土地は命である。しかしアラスカ州政府にとってそれは売り買いする商品にすぎない。過去数千年にわたってアラスカ原住民の家族はこの土地と水から食物を得、ここで狩りや漁業を行なってきた。ときには一人の人間が生きるために数平方キロを必要とする……」

一九七一年、ついに議会はアラスカ原住民土地請求法案を通過させました。その内容は、アラスカ原住民に十六万二千平方キロの土地を与え、彼らから取り上げた土地の補償金として九億六千二百五十万ドル支払うというものでした。

Alaska Native Claims Settlement Act（アラスカ原住民土地請求法案）、略してANCSAは、このような過程を経て制定されました。百年以上も前に片づけておかねばならなかった、アラスカ原住民と土地の問題は、これで決着したかのように見えました。しかしそれから十五年たった今、ANCSAは新たな問題を投げかけています。

Ⅱ　ANCSAのしくみと問題

ANCSAにより、アラスカ原住民は十六万二千平方キロの土地と、アラスカ全土に持っていた土着権の放棄に対する補償金、九億六千二百五十万ドルを受け取りました。アラスカ原住民（エスキモー、インディアン）に与えられた土地は、アラスカ全土の約十パーセントに相当します。

残りの六十パーセントは連邦政府、三十パーセントはアラスカ州の土地として複雑に分けられました。プルドーベイにおける一九六八年の油田発見は、長く続いてきたアラスカの土地問題の解決に拍車をかけ、ここにANCSAという形で終止符をうったのです。

本土のアメリカ・インディアンの場合と異なる点は、アラスカ原住民全体を部族政府としては扱わず、特別保留地という形もとらなかったことです。議会は、アラスカ原住民をアメリカ合衆国の流れの中に組み入れていこうとしたのです。

ANCSAは、西欧社会における株式会社（corporation）という概念をもちこみました。つまりアラスカ原住民は、ANCSAによって受けとった土地と補償金を運営するために、株式会社をつくる事が義務づけられたのです。すなわち土地と補償金は直接アラスカ原住民のものになったのではなく、株式会社の所有となりました。アラスカ全体で、二百以上の村営株式会社（Village Corporation）、十二の地域株式会社（Regional Corporation）ができあがったのです。つまりそれぞれの村が株式会社として土地と補償金を運営し、更に同じ地域の全ての村を包括した形での地域株式会社がつくられたのです。アラスカ原住民は、この二つの株式会社の株主となります。

ただ普通の株式会社と異なる点は、ANCSAが制定された一九七一年から二十年間だけは、アラスカ原住民だけが唯一の議決権のある株主となるのです。そして二十年たった一九九一年より、アラスカ原住民の土地は、西欧社会の土地がそうであるように課税の対象になってくるのです。つまり議会はそのために、二十年間の経済的な準備期間をアラスカ原住民に与えたのです。

ANCSAを通し、議会は狩猟生活のための土地の必要性を認めながらも、土地の経済的な開発こそが、アラスカ原住民の社会的、経済的な向上の前提であると強調しています。すなわちアラスカ原住民は、一方では伝統的な狩猟生活を守っていかなければならず、もう一方では株式会社を通してビジネスの世界に入っていかなければならないのです。二十年間のうちに経済的な基盤をつくらないと、土地に対する税金を払えなくなるからです。ここからさまざまな問題が生じてくるのです。

ANCSAの一番大きな問題は、その成立過程でほとんどのアラスカ原住民がその内容を十分理解していなかったことです。議会と一部の代表者によって終止符をうたれたアラスカの土地問題は、実際にはほとんどの村で公聴会も開かれることなく、また人々の意見を聞くための投票という形もとられませんでした。ANCSAは、当時、アラスカ原住民が手に入れることのできる最高の取引だと思われました。それが二十年後、どのような結果を生むかなどは、少なくともアラスカ原住民には予測が出来なかったのだと思います。

一九七一年を境に、原住民はそれまでアラスカ全土にもっていた土着権を放棄しましたが、ANCSAを通して手に入れた十六万二千平方キロの土地だけは永久的に所有出来ると思ったのです。しかしANCSAは、アラスカ原住民の永久的な土地保有も狩猟生活も保証していません。まず、人々の土地所有に対する誤解があります。ANCSAによってアラスカ原住民が確保した土地は、実際には村人それぞれが所有しているものではなく、アラスカ原住民株式会社の土地なのです。人々は単なる株主に過ぎないのです。つまり、もし株式会社が破産すれば、アラスカ原住民にとって生活そのものである土地が失われます。その危険は、ANCSA制定から二十年たった一九九一年から始まる土地に対する課税を通して、現実のものとなってきます。

土地に対する権利の配分に関し、村営株式会社〈以下、(株)村と略す〉は村の地上権をもち、地域株式会社〈以下、(株)地域と略す〉は村の地下権と村以外のその地域全体に対する地上権と地下権をもちます。そして村人は、両方の株式会社の株主となります。(株)村と(株)地域は、それぞれ土地と資金を運用しながら、株式会社としての経済的基盤をつくりあげなければなりません。ここに矛盾が生じてきます。なぜならば、株式会社そのものの成立過程が逆なのです。ANCSAにより、原住民は突然資金と土地を与えられ、とにかく株式会社をつくりあげ、それから何かのビジネスの方向を考えなければならなかったのです。また普通の株式会社の株主と異なり、アラスカの原住民は、彼らの受け継いできた土地、そして全てのお金を投資しなければならなかったのです。そのなかで、今なお生活の基本である狩猟生活を守っていかなければならない方向と、株式会社としての経済的基盤をつくっていかねばならない方向との間に、矛盾が生じてくるのです。

六百人以下の株主しかいない村では、その(株)村の経済的な成功のチャンスはほとんどありません。なぜならば株式会社の運営そのものに多額な費用がかかり、人口の少ない村では初めから資金不足でした。例えば、わずか百人の株主しかいない村には、約八万ドルが最初の補償金として支払われましたが、株式会社の運営資金だけで年間七万ドルの費用がかかってしまうのでした。
また（株）村の所有する土地の大部分はツンドラであり、商業上の可能性はほとんどありません。つまり株式会社といっても、実態はそれから程遠いものであり、わずかにできることといえば村の商店、あるいは燃料補給所を買いあげ運営することぐらいでした。このような資源開発や商業上の可能性が全くない村では、資金をただ銀行貯蓄として投資しているところもあります。しかしその村がどのような状況にしろ、株式会社は存続させていかねばならず、その費用だけで破産に追い込まれている村がでてきています。

資産的にみても、（株）地域は（株）村よりはるかに大きく、ANCSAの成否は（株）地域の状態によって決まるといって良いでしょう。人々は狩猟生活に関わる土地を（株）地域が守ってくれることを期待しています。それと同時に、（株）地域の経営が順調に運営され、雇用の機会を与えてくれること、また株主として配当金を受け取ることを望んでいるのです。しかし株式会社のなかでさえ、人々に雇用の機会を与えることは難しかったのです。なぜならば（株）地域はビジネスだけでなく、土地の選択、年間レポートの作成、資金管理、そしてANCSAのたくさんの書類作成義務を遂行してゆくために、専門家が必要だったのです。このような仕事が出来るアラスカ原住民はわずかであり、弁護士を含めたくさんの非原住民（白人）が雇われたのです。株式会社は土地の選択をはじめとしてさまざまな訴訟、裁判の過程で莫大な費用を払わなければなりませんでした。ANCSAにより原住民に支払われた補償金は、実際は直接人々の手にはほとんど渡らず、株式会社の運営を通して雇われた非原住民に支払われました。多くの（株）地域は、定期的な配当金を株主である原住民に支払ったことがありません。（株）地域の投資は、資源開発、ホテル経営、不動産などにあてられましたが、直接村人の雇用にはあまり役立ちませんでした。

またそれぞれの地域の資源差を是正するために、ANCSAでは、木材、鉱物などの資源からの歳入の七十パーセントを十二の（株）地域に配当することが定められています。それぞれの地域では、この配当を公平に（株）地域と（株）村で分配します。しかしそれは、経営難の株式会社でさえ七十パーセントの利益をもっていかれるという問題があります。また失敗すれば、その（株）地域が百パーセントの責任を負わなければなりません。

ANCSAは、かつて一体であったアラスカ原住民を分裂させる結果をもたらしました。人々はアラスカ原住民というより、どの村、どの地域に属しているかという認識が先行し、それは境界線の問題にも発展しました。また、（株）村と（株）地域の間の資源をめぐる対立も起こりました。特に油田開発においては、たくさんの資金と専門技術が必要で、いくつかの（株）地域は石油会社にこのような土地をリースするという形で参加しましたが、同じ土地を狩猟生活の場とする村の人々と衝突するケースが多かったのです。

ANCSAは、さまざまなものに影響を与えました。狩猟生活としての村の伝統的なリーダーシップのあり方、意思決定、分配の慣習、そして家族関係さえ変えてゆきました。村はその政治的、社会的自治権を失いつつあります。ANCSAは、二つの非常に異なる文化がぶつかって生まれました。この衝突の焦点は土地です。

アラスカ原住民の社会にあって、土地は生命の広がりであり、所有ではなく共有するものであり、また代々その社会に受け継がれてゆくものです。それは空気や太陽のような存在です。このような精神的な土地との関わりが、原住民の文化の支柱になっています。ＡＮＣＳＡは、ここに西欧社会の土地の概念を持ち込みました。そこでは、土地は売買されるための商品に過ぎないのです。

一九九一年を境に、アラスカ原住民の土地は開発されているにしろ、ないにしろ、課税の対象となります。それまでに、それぞれの（株）村や（株）地域は経済的な基盤がしっかりしていない限り、税金が払えなくなります。一九八六年現在、多くの（株）村や（株）地域は経営難に陥っています。アラスカ原住民は今、土地を失う危険があるのです。

また一九九一年を境に、株主は何の規制もなく、誰にでも自由に株を売ることができるようになります。それだけでなく、株式会社は資本金を増やすために新しい株を自由に発行することができます。その場合、多くの株が銀行をはじめ、非アラスカ原住民に買い取られる可能性があり、ひいてはアラスカ原住民は土地に対するコントロールを失ってゆきます。

ＡＮＣＳＡの一番大きな問題は、議会がこの法案を通過させた一九七一年十二月十八日以後に生まれた者は、アラスカ原住民として株を受け取ることが出来ないということです。つまりこの日を境に生まれてきた子どもは、親から相続しない限り土地をもたないアラスカ原住民となるのです。それは家族関係にも大きな影響をもたらしました。つまり同じ兄弟で、一人は土地の権利をもち、一人は何ももてないというケースがでてくるからです。

また、一九九一年が近づいてくるにつれ、人々の中に広がりつつある不安は、株を手放す者がでてくるのではないかということです。人々は、株が非アラスカ原住民に移ってゆくことを恐れています。しかし、ほとんどの株式会社が定期的な配当金を払えない現状で、株を持っていることへの疑問を持ち始める者がでてきてもおかしくありません。現実には、ANCSAが制定された一九七一年から彼らの生活は何も変わっていないのです。株を手放すということは土地を手放すということです。しかしある者は、お金が早急に欲しいかもしれませんし、車や洋服を買うために株を売る者がでてきてもおかしくないのです。土地を基盤とした狩猟生活と現実の経済的な必要性との狭間で迷っている人がたくさんいるかもしれないのです。

たとえ株が子どもに相続されても、新たな問題が起きてきます。子どもの数によって、持ち株の不平等がおき、それによって社会の中でさまざまな階級ができあがってくるからです。また、世代が代わるごとに最初の株は次第に細かく分割されてゆき、一人の持ち株はいつしか意味のない程わずかなものになってきます。形骸化された株は、より手放される可能性が強くなってくるかもしれません。

このようにANCSAは、アラスカ原住民と土地との関わりに大きな問題を投げかけています。それは将来、アラスカ原住民が狩猟生活の基盤である土地を失う可能性があるということです。

今後の課題

北極圏国立野生生物保護区における油田開発は、今始まろうとしています。この開発が、ポーキュパイン・カリブー群の生息数と季節移動にどのような影響を与えてゆくか、またその狩猟生活に関わるアラスカ原住民にどのような結果をもたらすのかは、今後長い目で見ていかなければなりません。

またアラスカ原住民の土地所有権に関わるAlaska Native Claims Settlement Act（アラスカ原住民土地請求法案）が、今後どのような結果をもたらし、その有効期限が切れる一九九一年を境にどのような方向に向かってゆくのか、できる限りアラスカ原住民の生活の中に入りながら見ていきたいと思います。

自然と人間との関わりを考えていく上で、開発という問題は避けて通ることは出来ません。アラスカ北極圏という大きな舞台の中で、私がこの一年で成し得た事はほんのわずかです。暗中模索の中で、このテーマの方向の取っ掛りをつかんだに過ぎません。今後、腰を据えて長いテーマとして取り組んでゆきたいと思います。

カリブーフェンス

研究の背景

一九八五年、トヨタ財団の助成金を得て、北極圏野生生物保護区を出産地とするポーキュパイン・カリブー群の季節移動の記録と、その狩猟生活に関わるアラスカ原住民（エスキモー、アサバスカンインディアン）の調査を行ないました。

広大なアラスカ北極圏を舞台とするこのプロジェクトは、長い目で、時間をかけて記録していかなければなりません。今回も、一九八五年の調査内容を再び重複させながら、カリブーフェンス（Caribou fence）の調査という新しい内容を加えました。

カリブーフェンスの話を、生物学者のデイビッド・ローズノーから聞いたのは、もう十年前のことになります。銃がアラスカ北極圏に入ってくる二十世紀以前、アラスカ原住民（特にアサバスカンインディアン）は、ツンドラや山の斜面に長いフェンスを作り、季節移動で旅をするカリブーを自然にその中に追いこみ、弓や槍で獲っていたと言われています。そして、長い歳月の中で朽ち果てながらも、その跡がアラスカ北極圏、カナダ北極圏の原野に残っていること、しかしいつかは土の中に風化して消えていってしまうことを、デイビッド・ローズノーは教えてくれました。一九七〇年代に、カリブーの調査で北極圏を飛び回った彼は、空からカリブーフェンスの跡を見ています。特に、カナダ北極圏のオールドクロウ北部のカリブーフェンスの位置を記録しています。

デイビッド・ローズノーと私は、以前から、北極圏のカリブーフェンスをすべて調査することを夢見、話し合ってきました。しかし、そのためには莫大な費用がかかります。なぜなら、多くのカリブーフェンスは村からずっと離れた原野の中にあり、小型飛行機で降りられる場所も限られ、地上から調査する場合ヘリコプターが必要になってくるからです。

今回の調査の目的は、アラスカ北極圏側、特にアークティックビレッジ周辺のカリブーフェンスを見つけ、その位置を記録することでした。現在、村の中で、カリブーフェンスのことを知る人はほとんどいません。カリブーフェンスは、何も記録されないまま、古い歴史の中に消えようとしているのです。その中で、生物学者のデイビッド・ローズノーと、さまざまな情報を与えてくれたアークティックビレッジのアサバスカンインディアン、ウォルター・ニューマンの協力が無ければ、この調査は出来ませんでした。ウォルター・ニューマンは、すでに死んでしまった村の年寄りからカリブーフェンスの話をかなり正確に聞いており、貴重な情報をいただきました。

風化して消えようとするカリブーフェンスの記録は、カリブーとアラスカ原住民との古い関わりを知る上で重要なものだと思います。またカリブーフェンスの分布を知ることは、過去と現在のカリブーの移動パターンを比較する貴重な材料となります。それは、アラスカ北極圏で始まろうとする油田開発と、それがカリブーとアラスカ原住民との暮らしに与える影響を考える上で、ひとつの歴史的な材料になると思います。

歴史的背景

銃が入ってくる以前、つまり二十世紀の初め頃まで、アラスカのインディアンやエスキモーの人々は、極めて同じ方法を使いカリブーの狩猟にたずさわっていました。それは、カリブーの季節移動のルートに柵をつくり、その中にカリブーを自然に追いこみ、槍や弓、あるいは罠で射止めるというやり方です。この柵のことを、カリブーフェンスと呼びます。

また、この方法とは別に、自然の崖に並行して石を積み重ね、その上に芝土（ツンドラ）をかぶせ、人の形をいくつも距離をおいて並べながらカリブーを追いこむエスキモーの古い狩猟法がありました。このような石をイヌクスイットと呼び、今日でも、アラスカ、カナダの北極圏のツンドラ地帯で発見されています。

カリブーフェンスは、特に極北のインディアンによって作られたカリブーの古い狩猟法でした。その形、大きさは、地域によって異なりますが、最も単純なカリブーフェンスは、平行した真っすぐな柵でハンターの待つ場所へカリブーを導くものです。さらに複雑なカリブーフェンスは、奥に罠をしかけた多くの出口をもつものです。これらのフェンスは、数キロメートルもの長さをもちます。

歴史的に見ると、北東アラスカのアサバスカンインディアン、グッチン族の場合、カリブーフエンスの使用は銃の普及と共に急速に消えてゆきました。カリブーフェンスが最も使用されたのは、二十世紀に入る以前だったようです。オールドクロウ付近で最後に使用されたのは一九二六年まで、アークティックビレッジでは一九〇八年までだったと記録されています。

カリブーフェンスとは

カリブーフェンスは、通常一人の所有者のものとしてありました。フェンスの名前も、所有者の名前がそのままつけられていたようです。フェンスを作るため、約四十〜五十人の人々がかりだされ、所有者はその礼として弓矢や服などの品物を与えたと言われています。また、大きな、半永久的なカリブーフェンスの場合と、小さな、一時的利用のカリブーフェンスの場合、それに関わる家族数には違いがあったようです。

もしカリブーフェンスによる狩猟がうまくいった場合、カリブーの肉を分配することにより、それはフェンスを維持してゆくための労働の支払いとなりました。フェンスを作るために費やされた時間は、その大きさにより異なりますが、一ヵ月からひと夏にわたったようです。所有者が死んだ場合、フェンスは別の人間に受け継がれますが、より狩猟率の良い、よりしっかりしたカリブーフェンスが、何世代にもわたり、引き継がれてゆくのです。フェンスの所有者は尊敬され、フェンスの使用はカリブーが獲れる限り続けられました。

フェンスが建てられた位置は、数年にわたってカリブーが続けて通った場所が選ばれました。また、それ以外の場所選定の要因として以下のことが考えられます。

①風　夏の間、カリブーは常に風上に向かって動きます。大発生する蚊の襲撃から逃れるためです。つまり、風向きを考えてフェンスの場所が選ばれたのでしょう。
②水　カリブーが水場にくること。多くのカリブーフェンスが湖の周辺にあります。
③地形　丘の斜面に沿って建てるのが好まれたようです。
④木　林のある場所が好まれました。フェンスを建てるため、そしてそのフェンスをカモフラージュするため、近くに木が必要だったのです。

地形に関し、なぜフェンスの頭の位置が山の斜面に好まれたか、いくつかの理由が考えられます。

①平地やダウンヒルより、上に向かっての方が、カリブーを追いやすかったのではないか。
②フェンスが山頂より下部にあった場合、フェンスがシルエットにならず目立たなかったのではないか。
③罠が、フェンスの中でカリブーを獲るための主な方法だった。傾斜は、いったんカリブーが罠にかかった場合、カリブーを下方に後退させ、より罠の効率を高めたのではないか。

フェンスに関わる労働

カリブーがフェンスに近づいてくると、通常、数人の男たちが一緒になり、手を振ったり、声を出しながら、カリブーをフェンスの入口に追いこみます。中に入るや否や、女や子どもたちが、カリブーの毛皮を振りながら入口を塞ぎます。

カリブーを殺す方法は、それぞれの地域によって異なりました。また、性別によっても違います。雌のカリブーは角が小さいため、罠の輪の中に首まですっぽり入りやすく、そのまま絞められて死にます。一方で雄の場合は角が大きいため、顔か角の一部に罠がかかるだけで、多くの場合、槍や弓で殺さなければなりませんでした。死んだカリブーはすぐにフェンスの中から出され、罠が再びセットされます。なるべく血をフェンスの中に残さないようにし、解体もフェンスの外で行なわれたのです。フェンスの中の男の数も最小限にし、女や子どもはその中に入らなかったことが考えられます。

フェンスに入ったカリブーは、罠にかかったり採食の過程で多くの罠やそれをサポートする木々を壊してゆきます。死んだカリブーがフェンスから出され、解体が終るや否や、フェンスの修理が行なわれます。また、年間を通してのフェンスの修理は、通常、春になされました。多くの家族がその作業にたずさわったと言われています。

カリブーフェンスが実際に使用されるのは秋です。九〜十月にかけて人々が集まります。カリブーの秋の季節移動と重なるのです。フェンスは、季節移動の最後の群れが通り過ぎるまで使用されます。狩猟がうまくいき続けると、ひと冬を通して、そこで生活をしたケースもあったことでしょう。

終わりに（今後の課題）

東部アラスカ北極圏、西部カナダ北極圏（ユーコン）におけるカリブーフェンスの位置は、少なくともこの百〜二百年の間、ポーキュパイン・カリブー群の八月から秋にかけての季節移動のルートが現在と変わらないことを示しています。確認された四十三のカリブーフェンス（アラスカ側三十四、カナダ側九）は、すべて、アサバスカンインディアン、グッチン族によって作られたものです。彼らは、ポーキュパイン・カリブー群の移動ルートを知り、特に八月〜秋にかけてカリブーが通る道に沿ってフェンスを作ったのでしょう。一九〇〇年代から始まった銃の普及により、カリブーフェンスは使われなくなりましたが、今もカリブーの群れは、朽ち果ててしまったカリブーフェンスがある地域を通ってゆきます。

カリブーフェンスの分布から、現在のアークティックビレッジ、オールドクロウの二つのアサバスカンインディアンの村が、このフェンスによるカリブーの狩猟にたずさわったのでしょう。オールドクロウの近くで発見された住居跡によると、一五〇〇年頃までさかのぼり、人々の狩猟生活がカリブーの季節移動に依存していたことがわかっています。さらに、別の考古学的実証によると、最後の氷河期以前、少なくとも二万七千年の間、人々はカリブーを狩猟していたことがわかっています。現在発見されたカリブーフェンスの歴史が今から百〜二百年前からと書きましたが、実際は、さらに以前へ、フェンスによる狩猟はさかのぼると思います。木で作られたカリブーフェンスは、年月の中で朽ち果てていき、その正確な歴史を確かめることができないのです。

十個の村が北極圏国立野生生物保護区の外に散らばり（保護区内にあるのはカクトビク村だけ）、季節移動をするポーキュパイン・カリブー群の狩猟に依存しています。アークティックビレッジ、ベネティ、フォート・ユーコン、チャルキーツィック（以上アラスカ）、オールドクロウ、フォート・マクファーソン、イヌビク、アクラビク、アークティック・レッド・リバー、ツクトヤツク（以上カナダ）。カリブーの移動のルートはその年によって異なり、毎年十分なカリブーが獲れるとは限りません。北極圏国立野生生物保護区内にあるエスキモーの村、カクトビクを除き、最もポーキュパイン・カリブー群の狩猟に依存している村は、アークティックビレッジとオールドクロウです。両方の村とも、海洋資源を得ることのできない陸の孤島です。北極圏国立野生生物保護区における油田開発が、カリブーの数の減少、移動ルートの変更をもたらした場合、その影響を最も受けるのがこの二つの村でしょう。

北極圏における、エスキモー、アサバスカンインディアンの社会にとって、狩猟生活は、家族、村全体の価値形態（経済的・文化的）に強く結びついています。それは、食料としての需要、人間個人としての自信、狩猟生活を通しての次の世代への文化継承です。西欧社会の消費文化は、伝統的な狩猟文化にすでに大きな影響を与えています。それは、教育、医療などのたくさんの便利さをもたらしましたが、一方ではアル中、精神病、高い自殺率が、この文化過渡期に急速に広がってきました。しかし、変わりゆく人々の暮らしの中で、狩猟生活は今も大きな位置を占め、今後、それを維持してゆく重要性がさらに強くなるのではないかと思います。

カリブーフェンスという、極北に生きる人々とカリブーの古い関わりを調べることで、ポーキュパイン・カリブー群の季節移動のルートの歴史を確認し、将来の北極圏油田開発、それがこの土地を生息地とするポーキュパイン・カリブー群とその狩猟生活に関わる極北のエスキモー、アサバスカンインディアンに与える影響を考える上で、ひとつの資料になることを願っています。

そして、今後共、長い視野でこの研究、記録に取り組んでいきたいと思っています。

グリズリー——アラスカの王者

Spring

長く、暗い、極北の冬。マイナス五十度までさがる強い寒気は、地上のすべてのものを凍らせてしまう。しかし、大地を覆う雪の下には、冬を越すさまざまな生き物の営みがあり、オーロラのとばりの下で、地上とはべつの世界が広がっている。冬眠にはいったホッキョクジリスは、体温を氷点ちかくまでさげ、まさに仮死状態になって冬を過ごしている。アラスカの原野を彷徨するグリズリーもまた、深い眠りのなかで春を待っている。

オーロラの冷たい炎が極北の空を舞い、ブリザードが吹きすさぶなかで、アラスカの冬の日々が過ぎてゆく。冬ごもりをつづける母グマの体内には新しい生命が胎動をつづけ、やがて誕生の時を迎える。

グリズリーとの最初の出会いは、十三年まえのことになる。私はアラスカ北極圏のシシュマレフという村で、エスキモーの家族とともに暮らしていた。十九歳の夏のことである。アラスカの自然に憧れ、長い間、この大地にくることを夢見ていたことが、ようやく、実現していたのだ。ある日、私たちはボートで一週間のカリブーの狩猟に出かけることになった。アラスカ北極圏を網の目のように流れる名もない川をくだりながら、カリブーの群れを追ってゆく旅である。浸食された川岸に迫るトウヒの針葉樹、水辺に現われたヘラジカの親子……。川をくだりながら、目のまえを流れる光景は、私が子どものころに夢中になって読んだシートンの世界、とくに晩年の紀行文『北極平原に動物を求めて』に描かれたスケッチそのものだった。その夜、川岸にテントをはり、エスキモーの家族とともに焚火を囲んでいたとき、とてつもなく遠い世界にきてしまったことを実感した。

つぎの日、私たちは見晴らしのよい山の上に登り、カリブーの群れを探した。そのとき、果てしなくつづくツンドラの起伏のなかに、灰褐色の大きな塊が、ゆっくりと動いているのが目に入った。初めて見るグリズリーだった。厳しい極北の自然はいたるところに動物がいる世界ではない。気の遠くなるような大地の広がりのなかで、動いているものはそれだけだった。強烈な存在感があった。野生に生きる動物を初めて見たような気がした。

カリブーを仕留めてエスキモーの村に帰ってからも、この旅のできごとが心に残った。とくに、アラスカの原野をさまようグリズリーの姿が、いつまでも頭のなかに焼きついていた。

オーロラがその輝きを失いはじめると、アラスカの冬が終わる。ピーンと張りつめていた真冬の大気はゆるみはじめ、半年の間凍りついていた大地を太陽がゆっくりと溶かしてゆく。暗黒の冬は去り、日照時間がぐんぐん延びてくる。グリズリーが長かった冬の眠りから目覚めるころである。真冬に穴のなかで生まれた子グマが、初めて地上の光をうけるのだ。

太陽が地平線上にうかんでいる。やわらかい陽光は大地に広がる生命あるものを育む。早春の山を歩いていると、残雪のあいだから可憐なワイルドクロッカスが、薄紫色のつぼみとともに顔をだしていた。アラスカの州花〈わすれな草〉も、風に吹かれてゆれている。いったい、どこにこんな生命が隠れていたのだろう。

南の国から渡り鳥がつぎつぎにやってくる。最初の使者はムナグロだ。鳥たちの渡来とともに、アラスカの空もにぎやかになる。冬ごもりの穴から姿を現わしたグリズリーの子グマにとって、目のまえに新しい世界が広がっていた。

十九歳のアラスカ体験は強烈な印象を私にあたえていた。日本に戻ってからも、アラスカの自然はいつも私を招いていた。私はある決心をかためていた。短い旅ではなく、この土地に住んでみたいと。

六年後、アラスカでの生活が始まり、自然を捉えるための撮影が開始された。一年の半分ちかくをテントで生活しながら、じっくりと自然を見て歩く旅をつづけた。極北の自然という大きなテーマにとまどいながらも、アラスカは少しずつ私に扉を開いてくれた。そして、あっというまに七年という月日が過ぎ去ってしまった。
アラスカはたぐいまれなスケールの大きさをもち、しかも原始性と純粋性を秘めた世界であった。生物の種類はきわめて少なく、生命の連鎖は単純である。つまり極北の生態系は微妙なバランスに保たれている世界なのだ。おそらく、地球上で最も変化に弱く、傷つきやすい自然なのだろう。食物連鎖の頂点にあるグリズリーですら、その宿命をのがれることができない。

アラスカの山を歩きながら、何度もグリズリーに出くわした。早春のある日、残雪の上で遊ぶグリズリーの親子に出会ったことがある。親子は追いかけっこの最中だった。子グマが逃げると母グマが追いかける、という動作を何回も繰りかえしながら、結局、母グマが子グマをつかまえた。そのあとに起きた光景に、私は思わず吹きだしてしまった。子グマをつかまえた母グマは、子グマを両手でしっかり抱きかかえ、そのまま山の斜面を頭からころがって、子グマを遊ばせているのである。このような心温まる光景を見ながら、私はグリズリーがたどってきた悲惨な歴史を思いうかべずにはいられなかった。
アメリカの開拓史はそのままグリズリーの虐殺史であった。グリズリーに恐ろしい動物であるというレッテルをはり、殺しつづけてきたのである。アラスカはグリズリーに残された最後の大地なのだ。

夏の訪れとともに、サケが産卵のために川をのぼり始める。グリズリーは草の根や夏草を食べながら、サケがやってくる時期を待っている。冬のあいだに必要な脂肪を、この時期に貯えなければならない。極北の夏は短い。

*注・シシュマレフ村滞在時の年齢は、正しくは二十一歳。

From Autumn to Winter

秋、アラスカのツンドラ地帯は紅い絨毯に敷きつめられる。ブルーベリーの実が熟し、シラカバの葉が色づきはじめる。山々には新雪が降り、山麓の紅葉とのコントラストがえもいわれぬものになる。

巨大な角をもつヘラジカは、そのビロード状の角袋を落とし、骨質のすばらしい角を見せはじめる。彼らは交尾期に入ったのだ。気のはやいホッキョクジリスは、冬ごもりの準備にせわしく動き回っている。南への旅に向かうカリブーの群れが山の彼方へ消えていった。

ある年の秋、私はグリズリーの生息地のほぼ真中で、ベースキャンプをはっていた。夜、一人で焚火にあたっていると、目のまえの森の中からグリズリーの親子が姿を現わした。二頭の子グマはうしろ足で立ちあがりながら、母グマと一緒に私をしばらく観察したあと、森の中へ消えていった。この時期のグリズリーは、山でブルーベリーやソープベリーなどの実を食べたり、川におりて産卵を終えたサケを食べたりしながら、冬に備えてたくさんの脂肪を貯えている。

毎晩のようにオオカミの遠吠えを聞いた。一つの群れがいくつかのグループに離ればなれになったのだろうか。遠吠えはお互いの位置を確かめあうように、それぞれのグループのオオカミが掛け合うように始まり、最後はきまって合唱になった。その遠吠えはしみわたるような余韻を残して、初冬の山々に響きわたった。子どものころに読んだ物語の世界が実現したよろこびにひたっていたのである。私には銃もなく、たったひとりだったが、なんの恐れもなかった。それほどまでに、オオカミの遠吠えは、まわりのすべての自然と調和して、神秘的なハーモニーとして聞えていたのだ。

旅の終わりから雪になった。今季最初のオーロラが北の空に舞い、冬の到来を告げていた。山をおりていると、新雪のなかで戯れるグリズリーの親子に出会った。今年、冬ごもりの穴のなかで生まれた子グマは、すっかりりっぱに成長し、雪まみれになって走り回っているのである。とはいえ、子別れにはもうひと冬をすごさなければならない。あと一ヵ月もすれば、ふたたび長い冬の眠りにつくのだろう。

極北の四季はめまぐるしく過ぎてゆく。ゆっくりとした季節の変化はなく、冬も、ある日突然に吹雪とともにやってくる。太陽は日ごとに遠ざかり、暗黒の冬の世界へと入ってゆく。短い夏の喧噪は去り、大地もまた冬の眠りに入るのだ。

アラスカはこれからもグリズリーの大地でありつづけるのだろうか。アラスカにも巨大な資源開発の波が少しずつ押し寄せている。いつか長い年月がたち、かつてカリブーの群れを探した山の上に立ったとき、私はあの日のように、アラスカの原野をさまようグリズリーを見つけることができるだろうか。

ムース

極北のインディアンとムース

低く抑揚のない老婆の声で、不意に歌が始まった。

村人のすべてが丸太小屋に集まり、大きな輪をつくっていた。輪の内側に死者の家族と老婆がいる。単調な旋律に力があった。心の奥底にひびいてくるような歌。家族は目を閉じ、歌にあわせてゆっくり踊り始めている。たった一人、部外者である私は、小屋の片隅に立ちつくし、その光景をじっと見つめていた。

いつの間にか、村人たちの輪がゆっくりとまわり始めていた。


村のある老婆が世を去り、一年がたった。きょうはポトラッチ。それはインディアンの世界における御霊《みたま》おくりの祝宴。死者の魂はこの日を境に旅立ってゆく。

ブラックベア（クロクマ）、ビーバー、サーモンなどの肉、ブルーベリー、クランベリーなどの木の実。たくさんのごちそうで魂を送りだす。私は村の家族とムースの狩猟から帰ったばかりだった。そのムースの肉もまた、頭のスープとともに、今、目の前にある。ムースの頭を煮て、そのすべてを溶かしたヘッドスープは、この祝宴に欠くことのできないもの。この土地に生きるアサバスカンインディアンにとって、ムースこそがポトラッチのための〈聖なる食べ物〉だった。人々は食べ、踊り、死者を語った。小屋の中は熱気に満ち、死者への悲しみは不思議な明るさへと昇華されてゆく。小屋のまわりに息づく自然。そこにはすぐ森があり、それはどこまで続いているのだろうか。川はどうだろう。私たちがムースを求めて下った川は、今、夜の闇の中を流れ続けている。自然に生かされているという人々の思い。次第に興奮のるつぼと化してゆく踊りを見つめながら、村人の営みをとりかこむ原野の広がりを思っていた。

「ディニーガ（dineega）さ。私たちインディアンの言葉でムースのことだよ」キャサリンは、たき火に新しい木をくべながら言った。火の粉が舞い上がり、トウヒの樹脂の甘い香りが鼻をつく。「その昔、秋になると、村を離れて長い狩猟の旅に出たものだ。何ヵ月もだ。動物のようにさ迷った。ムースを獲るということは大変なことだった」

たき火のそばで、キャサリンの夫、スティーブンが銃の手入れをしながら呟いた。

一日の終わりに、ボートを岸につけ野営をした。この家族とムースの狩猟に出かけるのは二年目だった。ブラックベアの肉で腹を満たした私たちは、炎に顔を火照らせていた。子どもたちは一日の長い川旅に疲れ、テントの中で寝入っている。川は深い闇の中に消えゆき、針葉樹のシルエットだけが対岸に浮かびあがっていた。この土地は極北のインディアンの世界。

アサバスカンインディアンの祖先は、おそらく一万年前までに、北方アジアからベーリング海峡をへてアラスカに渡ってきた。この極北のインディアンは、アメリカインディアンの中でも、最も知られてない人々だろう。彼らの生活圏は、アラスカ内陸部からカナダ北極圏にまでわたっている。そこはどこまでも広がる針葉樹林の世界。彼らの生活はその中で静かに営まれてきた。しかし、十六世紀に毛皮の交易によって、西欧文化と接触する以前のアサバスカンインディアンの歴史は、よくわかっていない。なぜならば、木と毛皮の彼らの文化は、長い年月の中で苔とともに腐朽し、森の中に埋もれていった。川沿いにあったであろう集落は、絶え間なく浸食し続ける川の流れとともに消えていってしまった。

アサバスカンインディアンとムースとの関わりは深い。巨大なムースから得られる肉は長い冬の生活を支え、暖かな毛皮は寒さから身を守るための衣服となった。いわゆる近代化と接触する前には、骨や胃袋などの内臓の皮からも、さまざまな道具や装飾品が作られている。そのむかし、一頭のムースを獲ることは、いま以上の大きな〈よろこび〉だったのだろう。

近代化の波とともに、極北のインディアンの生活も大きく変わってゆく。シャーマニズムはキリスト教にとってかわられ、アメリカ社会を背景とした教育、あるいは物の文化が急速に広がってゆく。けれども表面的には変わりつつある彼らの暮らしも、ひと皮むけば、そこにあるのは極北の狩猟民の生活だった。夏のサケ漁、秋のムース、冬眠中のクマ狩り、そして冬から春にかけて罠で獲るさまざまな小動物。

夜のとばりとともに星の輝きが増してくる。少し寒くなり、キャサリンはお茶をいれながら話し続けた。

「子どものころ、おばあさんとブルーベリーを摘みにいった時のこと。私はひとつひとつの実を摘むのに疲れてしまい、いっぱい実がついている枝をそのまま折って、おばあさんに持っていったの。その時こんなことを言われたのを覚えている。……〝枝を折ってはいけない、ブルーベリーの実はもうそこにはできないよ。そしてお前の運も悪くなる〟」

キャサリンの父親はこの土地最後のシャーマンだった。そのことは、彼女の考え方、行動に大きな影響を与えている。時代が移り、新しい価値観が急速に浸透してゆく中で、キャサリンやスティーブンは消えようとするもうひとつの世界をもっているような気がした。やってはならないタブーがあり、その約束を守ることは、自然と暮らしの中で自分の運をもち続けることになる。今、テントの中で寝入っている子どもたちは、その世界を受け継いでゆくのだろうか。

「静かに!」

突然、スティーブンが押し殺したような声で叫んだ。

「ムースだ!」

森の中から、かすかに小枝の折れる音が聞こえている。しばらくすると何も聞こえなくなった。静けさの中で、聞こえるのはたき火のはじける音。さらに耳をすました。

「運がいい、明日、ムースが獲れる」

キャサリンが呟いた。

立ち木にキャンバスをくくりつけただけの野営だった。寝袋にもぐりこむと、地面に敷きつめた木の枝が背中に気持ちいい。森の奥から、低くこもったフクロウの声が聞こえている。野営の夜に聞くフクロウの声は次の日の獲物を約束していると、いつか若いインディアンの友人が言っていたっけ。いい旅だなと思った。こんな時間がたまらなく好きだった。近くにまだムースがいるのではないかと思い、耳をすましていた。たき火も消え、夜の闇があたりをつつみこんでいた。私はとなりで寝ているキャサリンの話を思いだしていた。すべてのものに存在する魂、タブー、人の力を超えた運……それは私たちの目で見えない世界……闇の中から聞こえたムースの枝を折る音、そして今聞こえているフクロウの低い呼び声。ムースもフクロウも見えなかったが、闇の中で確かにそこに存在する。それらは見えないというだけで別のものと化し、さらに多くのことを語りかけてくる。それは夜の闇からの呼びかけが、生命《いのち》のもつ漠然とした不思議さを、まっすぐ伝えてくるからなのだろう。

次の日の朝、キャンプからわずか下流の繁みにムースは立っていた。まるで私たちを待っていたかのように、じっとこちらを見つめている。自然から狩人への贈り物……引き金がひかれる。その瞬間、ムースは崩れ落ち、自然の中に帰っていった。

Alces alces gigas……世界最大のシカ、アラスカンムースは、氷河期に北方アジアからアラスカへ渡ってきた。この大鹿は極北の森の中にひっそりと生きている。その動き、あまり音がない。この生き物の大きさを考えると不思議である。森の中で、ふと気がつくと目の前にムースが立っていた。何度そんなことがあっただろう。生きるものすべてがそれぞれのドラマをもっているように、この極北の森でも何かが起きている。

八月も終わり。自然の秩序は、その生命のプログラムを確実に進めてゆく。ある日、山の斜面がうっすらと色づき始めているのに気づくだろう。日ごとに引き締まってゆく大気は、ゆっくりと大地の色を塗り変えてゆく。ブルーベリーやクランベリーの実は熟し、マメカンバやヤナギ類と共に、それは燃えるような赤や黄に染まってゆく。その色のコントラストが織りなすモザイクは、短い極北の秋の饗宴。

カナダヅルの編隊がV字をつくりながら南へ向かうころ、森の中にも変化が起き始めている。どこからか、一定のリズムをもった低い唸り声が聞こえてくる。トウヒの木々の間をぬって、巨大な角をもった影が動いてゆく。今やこの生き物は、はっきりとした意志をもって歩き始めた。角を木にぶつける音が聞こえてくる。再び現れたムースの角には、折れたヤナギの枝が絡みつき、秋の紅葉が顔の半分を覆っている。その間からのぞく目は、もう夏の穏やかな目ではない。そしてわずか半日の間に、ビロード状の角袋をはぎ落とし、それが幾条にもなって垂れ下がっている。ムースは発情期に入ったのだ。

夏の緑の葉は消え、枝や木の皮などの冬の採食へと移ってゆく。それは発情期のホルモンの変化と共に、雄の食欲を著しく減少させる。ヤナギのかん木は、今や食欲をそそるものではなく、成長した角の感触を確かめるための相手に変わった。まるで戦いの前の武器を研ぐかのように。

ある日、風が運んできた匂いに雄のムースは魅きつけられてゆく。森をぬけ、川を渡り、さらに別の森に入ると、そこには一頭の雌のムースが立っている。匂いは、特別のホルモンを含んだ雌の尿であった。雄はその場所に自ら放尿をし、前足《hoof》で土を混ぜるようにたたいている。繁殖期に見られる特別な行動なのだ。やがて雄は、風の中に別の匂いをかぎわけ、再び魅きつけられてゆく。極北の森の中で、ムースは今、匂いの世界に生きている。

しばらくして、十数頭もの雌の群れに出会った。一頭の雄があたかも戦士のようにその中に立っている。夏の間に貯えた脂肪が鎧のように体を覆い、輝くような肉体に変貌していた。このころから雄のムースは採食行動を止める。そして種つけというただひとつの目的に向かい、テリトリーを侵す雄をけちらし、戦いぬくのである。ムースは本能というものに操られた別の生き物と化す。

すさまじい闘争を見た。九月の終わり、すでに何度も雪が降り、冬が近づいていた。森の奥から、激しく角がはじける音が聞こえてくる。たどり着いた時、闘いはピークに達していた。巨大な二頭の雄はがっぷりと角を組み、あえいでいる。苦しそうな息づかいは、ムースの顔のまわりを白くもやらせている。二つのエネルギーは、危ういバランスで保たれていた。角がきしむ音、わずかに動くたび舞いあがる雪。

ムースにとって、私の存在など無に等しかった。この生き物は今、別の世界に生きている。突然、力のバランスが崩れ、一頭がものすごい勢いで突進してくる。押しきられたムースはもんどりをうちながら逃げ始めたかと思うと、一転してくるりと向き直り、突進してくるムースの角を自らの角で再び受けとめた。カーン……その乾いた音が、初冬の山の中に響きわたっていった。

繁殖期はやがて最後の交尾の時を迎える。晴れた夜にはオーロラが空を舞い、冬が急ぎ足で近づいていた。交尾の瞬間をどうしても見ることができず、何年も過ぎていた。

その日、ムースの群れに変化が起きてくる。雄と雌の相互の声がひんぱんになってきたのだ。やがて雄は、一頭の雌を誘いだすかのように離れさせ、トウヒの木立ちの中に入っていった。長い間待った一瞬が目の前に迫っていた。侵入する雄と闘い、けちらし、そして勝ち残った本能に導かれた戦士は、今、最後の仕事を終えようとしている。二頭のムースは立ち止まり、雄は雌の背にその顔をのせた。しばらく静止した後、雄はその後ろ足で一気に立ち上がり、巨大な体が一瞬宙に浮きあがったかのように見えた。私は呼吸を整えて、祈るようにシャッターを押した。

極北の長く暗い冬は、吹雪と共に一気にやってくる。繁殖期が終わる十月、ムースは再び単独生活に入る。しかし何も食べずに繁殖期を過ごした雄のムースは、二十パーセントもの体重を減らし、きびしい状態で冬を迎える。ある者は闘いをへて傷つき、ゆっくり死を迎えるかもしれない。ある者は冬を生き抜かねばならないオオカミによって、その死は突然もたらされるだろう。

森は何もなかったように再び静けさを取り戻す。雪はしんしんと降り続け、森を覆ってゆく。若いヤナギやカンバはその重みに耐えかねて折れ曲がり、ムースに柔らかな上部の枝を与えてくれるだろう。時にはムースは自ら後ろ足で立ち上がり、さらに大きなカンバの枝を地上に引きたおす。そのてっぺんの柔らかな枝や木の皮は、同じ森に生きるカンジキウサギにとっても、今は手の届くところにあるのだ。

パーン！　ある寒い朝、ライフルのような音が森に響きわたる。何だろうと思い、あたりを見まわしても、凍てついた森は静まりかえっているだけ。マイナス五十度。あまりの寒さにアスペンの樹の幹が割れたのだ。今は、地上のすべてのものが凍りついている。

小動物たちにとって、雪は、寒さから身を守るための冬のねぐらをその下に与えてくれる。十二月、ムースはその巨大な角を落とす。冬のある日、カンジキウサギが雪の中にそれを見つけるだろう。食べる物の少ない、極北の冬を過ごす小動物たちにとって、ムースの落とした角は貴重なカルシウム源となる。極北の森の中で、ゆっくりと生命の輪が広がってゆく。オーロラのとばりの下で、育ち始めたムースの生命もまた同じ冬を越えてゆくのだ。

四月。日照時間が毎日グングン伸びてくるのを体中で感じる。山にはまだたっぷりと雪があっても、大気には冬の張りつめた緊張感はもうない。

オーロラが現れるには夜は明る過ぎ、白夜の季節が近づいている。森を歩けば、トウヒの枝から落ちる雪の音が、やはり冬の終わりを告げている。

太陽の暖かさで溶けだした雪面は、夜の寒さで再び凍結をくりかえし、硬くクラストしてゆく。それはこの時期のムースの行動を著しく妨げるだろう。歩くたびに突き破るナイフのような雪面は、ムースの脚を傷つけ、その足跡に赤い血の斑点を残してゆくかもしれない。

やがて夜の気温も上がり始めると、雪は急速にゆるみだし、春は駆け足でやってくる。ヤナギやカンバの芽はふくらみ、ムースは忙しそうに早春のごちそうをついばんでゆく。久しぶりの新鮮な植物は、胃の中のプロントゾーンのバランスを狂わせ、ムースが反すうをするたびに胃を鳴らすのもこのころだ。

伸び始めた雄の角はすでに耳より長く、やわらかいベルベットに覆われている。八月まで伸び続ける角はまだやわらかく、雄のムースは木の枝に角をぶつけないよう森の中を歩く。

そして五月の息吹き、ムースの新しい生命がどこかで生まれている。ある日森の中で、二頭の子ジカを連れたムースに出会うだろう。けれども近づいてはいけない。子どもをもった雌はとても緊張しているのだ。母親はその大きな耳をアンテナのように動かしながら、森の中のわずかな物音さえ逃がそうとしない。オオカミ、そして冬ごもりから覚めたばかりの腹をすかしたグリズリーが、この新しい生命を狙っているのだ。


忘れられないシーンがある。

六月のある日のことだった。新緑の山を歩いていると、グリズリーにつけられているムースの親子が視界に飛びこんできた。谷あいを必死に逃げる親子を、グリズリーは執拗に追いかけている。もう逃げられないと思ったのか、母ムースは身をひるがえし、一気に攻撃に出た。どんなに弱い生き物でさえも、追いつめられた時の捨て身の行動なのだろう。突進してゆく母ムースにひるんだグリズリーは、一転して逃げだした。しかし母ムースは止まらない。二頭は川を越え、山の上まで走り続け、母ムースはやっと気がすんだかのように諦めた。その間に、子ジカは恐ろしさのためか走り続け、やぶの中に隠れてしまっている。そして驚いたことに、戻ってきた母ムースはどうしても子ジカを見つけることができず、気が狂ったかのように走り回っている。こんなことがあるのだろうか。

そして母ムースは信じられない行動にでた。もう一度川を渡り、今は山上のはるか彼方に逃げたグリズリーに向かって、まっすぐ山を登りだしたのだ。双眼鏡でしか見えない距離で、母ムースはグリズリーに追いついた。その行動をもし解釈するならば、子ジカが見つからない訳を、もう一度そのグリズリーに確かめたかったのだろうか。捕食者と獲物の関係が逆転していた。食われる者が食う者にぎりぎりまで近づいていった。親と子のつながりとは一体何なのだろう。母ムースは再び山を降り、子ジカの隠れているやぶとは逆の方向へ消えていった。その後、このムースの親子が、出会うことができたのかどうかはわからない。

夏は採食の季節。ムースの主食はヤナギ類だ。長い顔を振りながら、枝や葉を食いちぎってゆく。そして反すう。このくりかえしで夏は過ぎてゆく。七月の半ばも過ぎれば、湖の底には水草が生い茂る。ムースが水から顔を上げるたびこぼれ落ちる水音が、朝もやの湖から聞こえてくるのもこの時期からだ。

成長した子ジカにとって、まわりのすべてが新しい世界。……花の匂い、サラサラと風に揺れるアスペンの葉音、森の中に響くアカリスの警戒音、水の冷たさ、そして母親の乳の味。きっと子ジカは、自分の動く体さえ不思議に違いない。飛び上がり、追いかけ、はねつけられ、自分の世界を学んでゆく。

八月、ムースの雄はすでに成長しきった巨大な角をもっている。そして、いつの間にか、再びすさまじい本能の季節が近づいてくる。

ポトラッチが終わり、人々は再び暮らしの中に帰ってゆく。ムースの狩猟の季節も過ぎ、冬が近づいていた。

ある日、キャサリンとスティーブンが、森へムースの頭の毛皮を置きにゆくという。

「どうしてそんなことをするの？」

一緒に歩きながら、私は聞いた。紅葉の森に雲間から光がさしこみ、世界が黄色く染まったかのように眩しかった。

「いつもそうするんだ。ずっとそうやってきたからね」スティーブンが言った。

「頭の毛皮は森に返さなくてはいけない。そうしないといつか悪いことがおきる……」キャサリンがそれに続けた。

自然の中で、人々の行動を律するさまざまな約束。それは一体、だれとする約束なのだろう。ムースを射ち、食べ、今日その一部を森に返しにやってきた。それは、ムースの魂をもう一度森に返すことなのだ。そのことにより、いつかまたムースが彼らの前に現れるのだろう。

森を抜けると崖っぷちに出た。ここは前の年、キャサリンの家族とクランベリーの実を摘みに来た場所。

「今年はあまりないね」

去年は地面を埋めつくしていたクランベリーの赤い実が、今はところどころに見えるだけだった。

それにしても何という空間の広がりだろう。見渡すかぎりの大地に、無数の湖沼が散らばっている。三日月湖は、長い時間の中で、川が少しずつ大地をけずりながら流れを変えていったことを語っていた。目をこらしてもムースを見つけることはできなかった。どこからか、コロン、コロンとのどを鳴らすようなカラスの声が聞こえている。

二人はムースの頭皮をアスペンの枝にかけていた。私はいつかエスキモーのクジラ漁に行った時のことを思い出していた。クジラの解体が終わった時、村人たちは最後に残った巨大なあご骨を押しながら海に返した。氷原から海に落ちる瞬間、来年もまた戻ってこい、と人々は叫んでいた。クジラのあご骨を海に返す。ムースの頭皮を森に返す。それはきっと同じことなのだ。

しかしその自然と人間との関わりの世界は、近代化の中でいつか消えてゆくだろう。さまざまな生き物、一本の木、森、そして風さえも魂をもって存在し、人間を見すえている。いつか聞いたアサバスカンインディアンの神話。それは木々に囲まれた極北の森の中で、神話を超えて語りかけてくるようだ。ムースの狩猟を通して見た、極北のインディアンと自然との関わり。私はその中に、彼らのもつ、自然に対する漠然とした畏怖をかいま見るような気がした。

夕暮れが迫り、風が冷たかった。村への帰り道、森の中に新しいムースの足跡を見つける。落ち始めたアスペンの葉が地面を覆い、足跡はその中に消えていた。

〈解説〉

出発点に立つ者

湯川豊

1

星野道夫のエッセイには、いつも匂いたつような新鮮さがある。それは、彼が書いた全文章に一貫する特徴だった。そして『アラスカ 光と風』は、彼が出した最初の文章を主体にした本であり、そこには文章の新鮮さとはべつの、特別な初々しさがある。自分がのめりこんでいるアラスカについて存分に書く機会が与えられた、その喜びがどのページにもあふれているような初々しさ、といおうか。

『アラスカ 光と風』は、一九八六年、星野が三十三歳のとき、書き下ろしのエッセイ集として六興出版から刊行された。前年に最初の写真集『グリズリー』(平凡社)が出版されており、星野にとっては二冊目の本であった。私の知るかぎり、その当時の星野は、まず自分の写真作品を発表する場所を懸命に求めていた。ついで、文章を書く場所も。もちろん、アラスカの写真であり、アラスカについての文章だった。発表する場所があり、それで収入を得ることができれば、一日でも長くアラスカに滞在することができ、一歩でも深くアラスカの未知の場所へ足を踏み入れることができる。そう思っていたに違いない。それほど彼はアラスカにのめりこんでいた。

星野道夫のアラスカは、十八歳の頃の、「北」への漠然とした、しかし強い憧れからはじまっている。大学一年のとき、信州に旅し、泊った農家で新聞を見た。何かの特集でアラスカの絵入り地図が載っていて、それに魅入られるように惹きつけられ、いつかアラスカにかかわりをもつだろうと「予感」する。（ついでにいうと、こうした「予感」の能力を星野は強くもっているらしく、彼の文章のなかでもたびたび「予感」という言葉が出てくる。）

二十一歳の大学生時代に、ベーリング海と北極海のちょうど境い目あたりにあるシシュマレフという小島のエスキモー村を訪れ、三ヵ月滞在した。それが最初のアラスカ体験である。神田で見つけたアラスカの本に、シシュマレフ島の空撮写真が載っていて、その一枚の写真に感動したあげく現地へ押しかけて行った。そのへんの経緯は、『光と風』の最初の章「シシュマレフ村」にくわしく語られている。

アラスカ熱はこの三ヵ月の体験でさらに燃えあがり、持続するものになった。慶応義塾大学を卒業した二年後の一九七八年、アラスカ大学野生動物管理学部に入り直す。そしてここで学びながら、アラスカ各地を旅し、同時に写真を撮ってそれを雑誌などに発表するようになった。

以後、フェアバンクスを拠点としてアラスカ各地をかけまわったが、やはり旅人という意識がどこかにあったようである。一九九〇年、三十八歳になる年にフェアバンクス郊外に自分の家を建て、そこに腰を据えてアラスカで暮らすことになる。

星野は最初から、そして時を経るにしたがっていよいよ深く、アラスカに魅せられた。星野の写真も文章も、アラスカが好きで好きでたまらないというところから出発している。しかし、ひとつの土地に魅せられ、そこにのめりこんでいくためには、やはり並々ならぬエネルギーを必要とするだろう。とりわけアラスカのような厳しくて大きな自然は、そこに魅せられた人間に対して、大きなエネルギーを要求するに違いないのである。星野道夫には、生来のものとして大きなエネルギーがあったことは疑いない。と同時に、旅をしたり暮らしたりしてアラスカ経験を積み重ねることによって、アラスカという土地は星野のエネルギーをさらに大きく育てていった。『アラスカ 光と風』にはじまり、『ノーザンライツ』に至るエッセイを読むと、そんなふうに思えるのである。

2

『光と風』の「オーロラを求めて」のなかに、「なるほど、そうか」と思わず膝を打ったエピソードがある。

アラスカ最高峰マッキンレー山の空にオーロラがかかる写真を撮りたい、と思い立つ。厳冬期のマッキンレー山中に一ヵ月ものあいだキャンプをするという星野に、氷河まで星野を運びあげるブッシュパイロットが難色を示す。危険すぎるからだ。星野はブッシュパイロットに訴える。「アラスカではどんなことでも、自分自身で経験し、学びとっていかなければならない。結果がどうであれ、それだけがこの土地を理解するための方法だ」と。

なによりも、まず経験すること。それがアラスカに対する星野の方法であった。もちろん彼はたいへんな読書家でもあったし、アラスカ大学の四年間はまじめに勉強した、とあるインタヴューのなかで語っている。知識は誰にもまして豊富なのだ。にもかかわらず、経験することだけがアラスカを知る方法である、と三十歳の星野はすでに確信していた。それは彼の直観であり、またそれまでのアラスカ体験がそう確信させたのだろう。

じっさい、星野には「決定的経験」とでもいうべきものがいくつもある。彼が「経験こそ唯一の方法」と考えるからそうなるのか、逆に決定的経験を積み重ねてそう考えるに至ったのか、先後はよくわからない。おそらくは二つが助長しあっているのだろう。

決定的経験は『光と風』のなかでもいくつか語られている。たとえば、運命に導かれるように、といっても大げさではないような不思議な縁で訪れた、シシュマレフ村の体験はそのひとつだろう。アラスカ各地の村長とか町長とかに無差別に手紙を書き、ただ一箇所、アラスカへの憧れの源であったシシュマレフ村の世話役から「受け入れる」という返事が来る。二十一歳の大学生は勇躍してそこを訪れ、初めてのアラスカ体験をする。まさにその後の星野の生き方を方向づける、決定的経験であった。

ところで、星野が海外へ出たのは、このシシュマレフ村行きが初めてではない。一九六九年、高校二年のとき、約二ヵ月半ひとりでアメリカを放浪している。そのことについて少しふれておきたい。

一九九四年二月に、私は星野への長いインタヴューを行なった（「Switch」同年七月号に掲載）。星野のアラスカ大学在学時代に話がおよんだとき（私はその時代に初めて星野と知りあったのだったが）、彼はふと思いだしたように、高校時代のアメリカ旅行について語った。

「中学の頃から外国に憧れていて、卒業したら外国旅行をしようとずうっと考えていました。一緒に行く友だちも自分で勝手に決めていたんです。それで卒業が近くなったので、その友だちを校庭に連れだしてぼくの計画を話したんですが、ぜんぜん反応がない。絶対一緒に行ってくれると思っていたんで、すごくがっかりして……」

しかし星野少年は引き返さなかった。高校生になって、アルバイトでお金をためた。両親に計画のすべてを打ち明けた。父親は彼の決心が固いのを確かめたうえで、経費の援助をしてくれた。夏休みを利用して、横浜港からアルゼンチナ丸に乗って、ロサンゼルスに向かった。

「だいたい二カ月半ほどの旅でしたが、出くわすことの一つ一つ、一日一日がすごく面白かったです。あの頃米軍放出のザックってありましたよね、あれに秋葉原のニッピンで千円で買ったテントやらなにやら、荷物を全部入れて、予定はなにも決めないで行きあたりばったり、ほとんどずっとヒッチハイクで通しました」

メキシコのユカタン半島にまで入り、またアメリカに戻る。ニューオリンズから北上してニューヨーク、さらに北上してカナダまで。アメリカを一周してロサンゼルスに戻るというコースだった。英語は「ほんとうになにもしゃべれなかった」と星野はいっている。「星野さんにはもともと遠くへ行きたいという衝動があるんだね」と私が訊くと、彼はいった。

「中学生のあのとき、ほんとうにそのことを考えるとどうしようもなくなったっていうか、あとでアラスカへ行くことを考えた頃の思いとすごく似ているんです。中学三年の頃はそのことばっかり考えていたような気がしますね。

とにかく高揚した、楽しい旅でした。ロサンゼルスで船を降りたときの気持ちは今でもよく憶えていますが、もう叫びだしたいような嬉しさでした。家に帰らなくてもいい。誰もぼくの居場所を知らない。不安なんか一つもなかった」

私はこの話の途中から、友人だった冒険家・植村直己のことを思いだしていた。植村は一九六四年、大学を卒業するとすぐに世界放浪の旅に出た。そのとき、彼も「横浜港からアルゼンチナ丸に乗って」まずロサンゼルスに向った。

植村直己は、「遠くへ行きたがる人」だった。なによりもまず、その衝動があった。冒険行に出て、極地の氷原にテントを張り、たったひとりになる。「そのときはもううれしくてうれしくてたまらない。前途への不安より、まずうれしいのだ」と植村は何度も書いている。

星野道夫もまた、「遠くへ行きたい」という衝動をおさえがたくもっている人だった。それがいちばん最初にあった。その衝動が彼の「北」への憧れを引き出したのだろうし、シシュマレフ村行き、アラスカ大学留学にまでおよんでいるのだろうと思われる。衝動が行動を喚び起し、行動は経験を生む。経験は積み重なって、つぎの新しい経験を準備する。

『光と風』で語られている旅のなかで、「氷の国へ——グレイシャーベイへの旅」と「オーロラを求めて」の二編は、ほとんど一種の冒険行といえるほど苛酷な旅の報告だ。とりわけ「オーロラを求めて」の、厳冬期のマッキンレー山中の長期キャンプは、先に指摘した決定的経験のなかでもとくに大きなものではないだろうか。

厳冬期のマッキンレー山トコシトナ氷河。生命の気配はまったくない、無機質の世界がひろがるばかりだ。そのような自然は人間を頭から無視し、近寄らせない。一ヵ月もの長い間そこにいるとすれば、人間にとってもっとも孤独な居場所だろう。なぜ、こんなところに、寒さで眠れない夜を過しているのか。「これが自分の仕事なのか。だれに頼まれたわけでもない。何がなんだかわからなくなってくる」と星野はつぶやく。この自問自答には、完全な孤独のなかに置かれた者のあやうさがある。星野はその孤独に耐える。けっして熟睡を許さない猛烈な寒さに耐える。テントのなかで、シャクルトンの『エンデュアランス号漂流』を黙々と読みつづける。

そして半月のかかった空にオーロラが現れ、色と形を刻々と変化させながら、やがて全天にひろがった。美しさを通りこした、すさまじいまでの極光の明るさに、星野は恐怖に襲われる。逃げ出したい気持をこらえて、シャッターを押しつづけた。

この恐怖感は何だろう。星野自身は、それを説明しようとしない。だからなまじっかの解釈は許されないのだが、星野がここで人間がけっしてかかわることができない自然の一面——それもきわめて本質をなす一面を見たのは確かなように思われる。

のちに星野は、「ただ無表情にそこに存在するだけの自然」(『イニュニック』「ハント・リバーを上って」)という言葉をたびたび使って自然と人間について深い思考を展開させるようになるのだが、その言葉はけっして観念的なものではなく、たとえばここで異界に近いような光景を見たことに裏打ちされているのを私たちは知る。経験が発する言葉なのである。

いずれにしても、マッキンレー山中のオーロラを語る文章は、完全な孤独のなかで窮極の自然の顔を見た、稀有な経験の記録である。そのようなことを語るときでも、星野の文章は十分に抑制が利いていて簡潔だ。マッキンレー山中にいた一ヵ月について、いくらでも多くの言葉を費せるのに、彼はそうはせず、短いメモのような日記をエッセイのなかに引用している。それによって彼の周囲にあったこのときの沈黙が伝わってくるような感じがする。

これまで、「経験することだけがアラスカを知る唯一の方法」と星野が考えていたこと、そう考えていた彼がどのような「決定的経験」をし、それをどのように文章で語ったかを見てきた。少し話を変えてみたい。

「クジラの民」は、北極圏の沿海エスキモーの村でクジラ漁のキャンプに参加したことを語ったエッセイである。アラスカ先住民であるエスキモーやインディアンについて書くときの星野は、自然に表情がやさしくなる。一人一人の人間をいとおしむように書く。しかしそうでありながら、感傷で目がくもったりすることはけっしてない。

クジラ漁のキャンプ（それがポイントホープ村であることは、のちに書き足された終章「新しい旅」で明かされている）は、村民たちの異様な熱気と苛立ちがある。なんとかしてクジラを仕留めたい。だが例年になくリード（氷の割れ目）の状況が悪く、クジラはなかなか獲れない。

村の老婆は、会うたびに「早くマクタック（クジラの表皮）が食べたい」という。今年は一頭も獲れないのではないかという不安がキャンプ全体に広がるなかで、星野は「マクタックを食べたい」という言葉の意味はなんだろうかと考える。昔と違って、いまは食料を外の世界からいくらでも買える時代なのだ。

そしてとうとう一頭のクジラが獲れた。歓喜がキャンプ中に衝撃のように伝わる。星野はカメラをつかんで、氷の見晴らし台に走る。写真を撮らなければ。見晴らし台の上に、マイラという老婆が低い声で何かを歌いながら、海に向かってゆっくりと踊っている。近づいて見ると、マイラは涙を流していた。星野はそこで「踊りの原点を見ているんだろうなと思った。写真を撮る気にはなれなかった」と書いている。

やがてクジラを曳いたウミアックの隊列が帰ってきて村中が興奮で沸きかえる。そのなかで、星野は「胸にこみあげてくるものをおさえながら、ぼくはエスキモーのクジラ漁というものを、少しずつ理解しはじめていた」という。

ひとつの経験のなかで疑問が生じ（なぜ「マクタックを食べたい」なのか）、その後、老婆の踊りを見、キャンプ中の興奮に同化する。その経験によって、エスキモーにとってのクジラ漁のほんとうの意味が、少しずつ浮かびあがってくる。

このような文章の書き方——ひとつの経験のなかに以前の経験の意味がおのずと明らかになってくるのを待つという書き方は、のちに星野のエッセイのもっとも大きな魅力になっていくのだが、それは第二巻所収の『イニュニック［生命］』についての解説でくわしく論ずることになるだろう。ここでは、「経験こそがアラスカを知る唯一の方法だ」という確信が、そのような認識法——この場合は文章の書き方に彼を導いていったことを指摘しておくにとどめる。

3

『アラスカ 光と風』を読んでいると、ところどころで、そういえば星野という男はおそろしく頑固な面があったな、と思いだす。彼の頑固さが発揮される場面があるからだ。

たとえばグレイシャーベイの最奥部まで、ひとりでカヤックで入っていくとき（「氷の国へ」）。海水温は氷点に近く、落ちれば三十分ともたない。ところが彼はカヤックの経験がそのときほとんどなかった。彼は、「何か新しいことをするとき、準備、練習をするというのがどうも苦手だ」といい、「いきなり本番がいい」といって、それをけっしてまげない。

厳冬期のマッキンレー山中のオーロラ撮影では（「オーロラを求めて」）、先にも引用したように、ブッシュパイロットの心配をしりぞけて、一ヵ月のキャンプ滞在を通す。

ほかにもいくつかある具体例は省略するが、いずれも生命にかかわりそうな場面でそれが発揮される。いずれも行動しようと決めたときの頑固さであり、決心を貫こうとする執念がその背後にある。アラスカで何かを見たい、何かを経験したい衝動に駆られてのことなのだから、そういう衝動を自分の内に惹き起こすエネルギーを星野は信じていたのだ。

願望が実現してしまえば、星野は自然に対しても人間に対しても、限りなくと形容したくなるほどの「開かれた心」をもっていた。

星野の自然描写がいつも正確でくもりがないのは、彼がつねに開かれた心でアラスカの自然を経験しているからだろう。たしかに彼は自然のなかにのめりこむように踏みこんでいく。人っ子ひとりいないグレイシャーベイへも、ブルックス山脈の隔絶した谷のなかへも。のめりこみながら、細心で柔軟な目を、自然へも、そのなかにいる自分自身にも向ける。そのせいで、つねにどこかに余裕がある。

たとえば、つぎのような文章。

《夜になると（太陽は沈まないが）、川岸から集めてきた流木で焚火をした。木のまったくはえないツンドラに、大量の流木を見つけるのは奇妙な眺めであった。雪解けの川の流れに乗って、遠い南の森林地帯から運ばれてくるのだ。焚火は一人でいるときの最良の友だちだ。火をみつめていると、時間が経つのを忘れてしまう。火のそばに寝ころびながら、灰だらけのコーヒーをすする。そして、もう何度読み返したかわからないアルセーニエフの『デルスウ・ウザーラ』のページを繰っていると、これほどぜいたくな時間はほかにないだろうと思われる。》（「カリブーを追って」）

春のブルックス山脈のなかでの、孤独な夜を語りながら、読む者をその焚火のそばに連れていってくれるような力がある。そして深い夜の静寂に耳を傾けさせる。星野道夫が開かれた心をもってそこにいて、同時に、同じ姿勢でこれを書いているからである。

星野はアラスカに対してばかりでなく、自分自身に対しても聡明に開かれていた。『光と風』のなかでも私がもっとも好きな一節は、そのことを告げている。秋のブルックス山脈での長いキャンプを終えて、山を下りながら、明日はフェアバンクスへ帰れる、と思いをめぐらせるくだりである。

《……まずはともかく、風呂にはいりたい。垢を落とすというより、熱い湯に何も考えずひたっていたいのだ。そして最大の楽しみ、手紙をチェックしに行こう。たくさんの手紙が届いていればいいなあと思う。そして行きつけのベーカリーでうまいパンを食べよう。コーヒー一杯でいくらでも粘れる、あの大学通りのベーカリーだ。手紙はゆっくりとそこで読もう。》（「北極への門」）

この文章のどこがいいのかと問われても、ちょっと返答に困る。ともかく、このような広々とした、卒直な魂の持ち主が、アラスカに熱中し、のめりこんでいった、その最初の報告が『アラスカ 光と風』なのである。そこには、出発点に立つ者の潑剌とした姿がある。

4

星野は、一九八五年にトヨタ財団からカリブーに関する調査・研究のため助成金を受けた。同財団に提出した研究報告書が「カリブーの旅」である。この助成金は八七年にも再度受けることができ、それは「カリブーフェンス」という報告書に結実した。「カリブーの旅」はずっとあとになって季刊誌「考える人」（二〇〇二年夏号から四回連載）に掲載されたが、本というかたちに収められるのは「カリブーフェンス」とともに今度が初めてである。

星野はずいぶん早く、アラスカ大学に入学した年に、「カリブーが大きなテーマの一つになるような漠然とした予感」をもった。鳥類学者のデイブ・スワンソンからアラスカに関するさまざまな話を聞いたとき、自分をもっともひきつけたのはカリブーであり、とりわけ北極圏を舞台とする長い季節移動に興味をいだいた、と星野は書いている（『光と風』「カリブーを追って」）。「予感」のとおり、カリブーは星野が長く追いつづけるテーマになった。彼はカリブーだけで一冊の写真集をつくることを切望していたが、グリズリーやムースが早々と一冊の写真集になったにもかかわらず、カリブーについてはついに実現しなかった。

それほどにむずかしい撮影対象であり、研究対象であるということを、「カリブーの旅」という報告書が明らかにしている。それと同時に、周期的に大移動を行なう、アラスカの地霊のようなこのシカ類の不思議な魅力がじわりと伝わってくる。「カリブーの旅」と「カリブーフェンス」は、きわめて平明で簡潔な文章で書かれている。だから解説する必要はほとんどない、といっていいだろう。私たちはこれによってカリブーがもともと背負っている苛酷な生態を知り、さらに油田開発という人為的な苛酷な条件が加わっているのを知る。

カリブーの生態とともに星野が大きな関心を寄せているのは、アラスカ先住民とカリブーのかかわりである。それについての報告も、厳密で冷静である。

「アラスカ原住民土地請求法案（ＡＮＣＳＡ）」はその発想の根本に大きな矛盾をかかえており、実施されると矛盾は拡大増加していった。その過程を刻明にたどるときも星野の報告書は冷静でありつづけるが、いっぽうで途方に暮れている彼の心情がにじみ出ている。

《アラスカ原住民の社会にあって、土地は生命の広がりであり、所有ではなく共有するものであり、また代々その社会に受け継がれてゆくものです。それは空気や太陽のような存在です。このような精神的な土地との関わりが、原住民の文化の支柱になっています。ANCSAは、ここに西欧社会の土地の概念を持ち込みました。そこでは、土地は売買されるための商品に過ぎないのです。》(「カリブーの旅」)

正確で説得力のある認識だと思われる。星野はこういう認識をかかえながら、短兵急な結論(あるいは怒り)を叩きつけようとすることなく、苦しく先住民の生き方を見つづけていた。

星野がエッセイで先住民について書くとき、つねに畏敬と同感がやわらかく伝わってくるのだが、その底にはこのような切迫した、苦しい認識があった。私たちはそうした事情も「カリブーの旅」を読んで知ることができる。

5

蛇足になることを恐れつつ、『光と風』の最後に置かれた章「新しい旅」にやはり触れておきたい。

この章は一九九五年に『光と風』が福音館日曜日文庫として再刊行されたときあらたに書き加えられたもので、初版刊行から九年後の文章である。文章のトーンが、「クジラの民」までとかなり大きく違っている。

『光と風』で、星野はアラスカの未踏の大自然の魅力を語った。それにとりつかれ、のめりこんでいき、そこで見たものを語った。確かにそれは、読む者をアラスカの自然の最深部にまで引きずりこむような力があった。

九年後に書いた「新しい旅」で、彼はいう。

《未踏の大自然……そう信じてきたこの土地の広がりが今は違って見えた。ひっそりと消えてゆこうとする人々（引用者注・アラスカ先住民たち）を追いかけ、少し立ち止まってふり向いてもらい、その声に耳を傾けていると、風景はこれまでとは違う何かを語りだそうとしていることが感じられるようになった。人間が足を踏みいれたことがないと畏敬をもって見おろしていた原野は、じつはたくさんの人々が通りすぎ、さまざまな物語に満ちていた。》

いうまでもなく、未踏の大自然が急に姿を消したのではない。星野のいう「誰にも見られていない自然」の、恐ろしさと不思議な魅力は、アラスカの核心でありつづけている。

いっぽうで星野はもうひとつの自然を発見しつつあった。アラスカの先住民――エスキモーや極北インディアンは、つねに未踏という姿でそこにある自然のなかで、一万年以上生きつづけてきた。そして先住民の生き方を通して見る自然は、また別の深い意味を開示していた。人間の生き方に深く食いこんでいる自然、といってもよい。星野は、そのような自然と人間のかかわり方に徐々に目をひらき、強く惹かれはじめていたのである。すなわち彼はそこで、自然に対する複眼的な想像力をもとうとしている。「新しい旅」一編は、そのような場所に立っている星野の姿を告げている。

解題

星野道夫（一九五二〜九六）はアラスカに魅せられ、アラスカの自然と動物と人を写真と文章によって表現し、私たちに残していった。写真と文章は互いに響き合いながらも、それぞれに独自の世界を作り上げている。本著作集には、著者が考えつづけた自然と人間との関わり、野生動物の壮大なライフサイクル、生命の意味などについて書かれたエッセイを収めた。単行本や文庫本の多くは、写真と文章を合わせてまとめられているが、本著作集では、比類ない文章家としての星野道夫の仕事の原点をとらえ直すために、写真はあえて収録しなかった。

本巻には、著者がなぜこれほど強くアラスカに惹きつけられたのか、なぜカリブーを野生動物のなかでも特別な存在として捉えたのかなど、星野道夫の仕事の原点をうかがうことのできる初期作品を収めた。

アラスカ　光と風

一九八六年七月十五日、六興出版より刊行。一九九五年五月二十日、新たに書き下ろした一章「新しい旅」を加え、章の順番を入れかえて、福音館書店日曜日文庫として刊行。底本には、福音館書店版を用いた。

本書には、著者による「あとがき」が付されている。以下に六興出版版、福音館書店版の順に引用する。

あとがき

初めてアラスカに行った時から、早いもので十五年が過ぎてしまいました。その間五年間のブランクがあったとはいえ、二十代から三十代前半までの大部分をアラスカで過したことになります。

これだけ強い興味をもち、長い間関わってきたアラスカの自然とは、私にとっていったい何なのだろうと思います。もしかすると、ただただ子どもじみた夢を追っていただけではないかと思うこともあります。写真という仕事を選んだ時も、アラスカが前提にありました。アラスカというより、もっと漠然とした北方への憧れだったのかもしれません。そして、どうしてもこの土地に根をおろして写真を撮っていきたいと思いました。そうしない限り、何も見えてこないだろうと考えたのです。

アラスカでの生活が始まると、この土地は私の夢をはるかに超えたスケールで圧倒し続け、ときには裏切りました。長い時間がすでに過ぎ去り、やっと自分の方向が少しずつ見えてきたような気がしています。私はアラスカを選びましたが、長い間一つのものをみつめていけば、そこから見えてくるものは、どこの土地だろうと同じものなのではないかと考えます。自然と人間との関わり、これが、これからも写真を撮り続けていくうえでの私のテーマです。

二年前の冬、アラスカから一時帰国して、いつものように六興出版の賀來壽一氏を訪ねたとき、今までのことを本に書いてみないかという話がありました。考えてもみなかったことなので少し戸惑いましたが、しばらく考えた後、とてもうれしくなりました。というのは、アラスカでの旅について、写真では表現できないことをたくさん伝えられるのではないかと思ったからです。そして、これからのアラスカでのことを考えていくうえで、気持のひと区切をつけることができました。

編集の川島達之さんとも楽しく仕事をすることができ、このような機会を与えていただいたことに深く感謝いたします。

一九八六年六月　　　　　　　　　　　　　星野道夫

あとがき

『アラスカ　光と風』は、一九八六年に六興出版から同タイトルで出版された本に、新たに一章を書き加えたものです。今読み返してみると、文章に不備な点がたくさんありますが、アラスカでの旅が始まったばかりの当時の自分の姿がそこにあり、あえて書き直しをしませんでした。

本文中の写真のうち、その旅で撮ったものでないものには、年号、場所を付記しました。また、一人で写っているぼくのポートレートはセルフタイマーで撮影したものです。そう思って見てみると気恥ずかしくなるほどポーズをとっていますが、それもまたリアリティがあり、その時のことを懐かしく思い出します。

書き加えた最後の一章は、現在の自分自身です。アラスカへ旅に出かけたのに、いつのまにか十七年が過ぎ、この土地の定住者になっていました。旅をしなければ見えないもの、そこに根をおろして暮らさなければ見えないもの、少し欲ばりですが、その両方の風景の中に身を置けたらと思います。自然と人間との関わり、それがこれからも自分が写真を撮りつづけてゆくテーマです。

また、編集部のみなさまには、新しく本を作り直すためのたくさんのアドバイスをいただき、ありがとうございました。

今、アラスカは厳冬期も終わり、少しずつ春が近づいています。カリブーの群れが、北極圏のツンドラの世界へ長い旅に出るころです。もうすぐ、たくさんの渡り鳥が南からやってきます。

一九九五年三月　アラスカにて

星野道夫

カリブーの旅

一九八五年、三十三歳の著者がトヨタ財団より助成を受け、その報告書としてまとめたレポート。研究のテーマは「北極油田開発により変貌しようとするカリブーの季節移動と、その狩猟生活にかかわるアラスカ原住民の記録」。

「カクトビク村」の章まで、季刊誌「考える人」二〇〇二年夏号〜〇三年春号に四回にわたって掲載された。

カリブーフェンス

一九八七年、トヨタ財団より二度目の助成を受け、その報告書としてまとめたレポート。研究のテーマは「北極圏油田開発により変貌しようとしているカリブーの季節移動と、その狩猟生活に関わるアラスカ原住民（エスキモー、アサバスカンインディアン）の記録」（アラスカ北極圏におけるカリブーフェンスの調査）。

グリズリー——アラスカの王者

写真集。一九八五年十一月十一日、平凡社より刊行。巻頭には、アラスカ大学フェアバンクス校野生動物管理学教授のフレデリック・C・ディーン氏と前アラスカ州知事のジェイ・ハモンド氏の言葉が寄せられている。

一九八六年、第三回アニマ賞受賞。

本書には、以下のような「あとがき」が付されている。

あとがき

またたく間に過ぎた七年間でした。やろうとしていたことが、まだ何も終わっていないという気持ちです。私が過ごしたこの時期はアラスカの大きな過渡期でした。中東の石油危機、アラスカ北極圏における油田開発、そしてそれに伴う自然保護運動の流れのなかで、開発か自然保護かの選択が迫られていたのです。そしてアメリカは前者をとりました。地球上でグリズリーが徘徊する土地が、どこかに残されて欲しいと思います。そのために私は、これからも極北の自然を見守ってゆきたいと思うのです。

たくさんの人々にお世話になりました。六興出版社長・賀來壽一氏には、学生時代よりお世話になり、この撮影を通じても御援助いただきました。アラスカ州立大学西山教授御夫妻、共同通信アンカレジ支局木部昭吉御夫妻には、ただならぬ御面倒を見て頂き、本当にありがとうございました。そして、たくさんのアラスカの友人にもお礼を言わなければなりません。また、「アニマ」編集長沢近十九一氏をはじめ、すばらしいレイアウトをしていただいた遠藤勁氏、そして編集部の皆様にも大変お世話になりました。

最後に私事で恐縮ですが、初めての写真集を、青春をともに過ごし、そして山に逝った友・富沢裕二に捧げます。

一九八五年九月

ムース

写真集。一九八八年六月十日、平凡社より刊行。巻頭には、アサバスカンインディアンのキャサリン・アトラ氏とナチュラリストのマーガレット・ミューリー氏の言葉が寄せられている。

本書には、以下のような「あとがき」が付されている。

あとがき

アラスカの自然を見てゆくなかに、いつも人の暮らしがありました。ムースという生き物の生活史を追いながら、その狩猟にたずさわるアサバスカンインディアンの人々を知りました。狩猟民の生活は、あたりまえのことですが、生きてゆくために動物を獲り続けなければなりません。そこに自分の知らない、彼らの自然との関わりを見ることができればと思いました。他の生き物のいのちにストレートに依存している世界です。

しかし、考えてみれば、それは私たちとておなじなのです。ただそれが、とても見えにくい社会なのでしょう。アサバスカンインディアンとムースとの深いつながりのなかで、私たちが忘れかけている大事なものをかいま見たような気がしました。けれども別の意味において、自然と人間との関わりとは、答のでない深いテーマなのかもしれません。北極のインディアンの生活も、やはり近代化の中で大きく変わりつつあるのです。何が消えて、何が残ってゆくのかはわかりませんが、アラスカを旅してゆくなかで、これからも見続けてゆければと思います。

たくさんの人々にお世話になりました。キャサリン、そしてスティーブン・アトラ、秋のムースを求めての川旅、とても懐しいです。コユコック川流域の村人たち、ポトラッチに招いてくれました。アラスカ大学言語学部教授、イライザ・ジョーンズ、インディアン語の翻訳をはじめ、たくさんのアドバイスをいただきました。友人のカレン・コリガン、アメリカ版の英訳をしてくれました。

そして本の出版にあたりアニマ編集長沢近十九一氏、すばらしいデザインをしていただいた三村淳氏、ありがとうございました。

装画　©William D. Berry
(“Alaskan Field Sketches” より)
装幀　新潮社装幀室

Michio Hoshino

星野道夫著作集 *1*

発　行……………………2003年4月20日
4　刷……………………2012年5月30日

著　者……………………星野道夫　ほしのみちお

発行者……………………佐藤隆信
発行所……………………株式会社新潮社
郵便番号162-8711　東京都新宿区矢来町71
電話　編集部　03-3266-5411
読者係　03-3266-5111
http://www.shinchosha.co.jp
印刷所……………………大日本印刷株式会社
製本所……………………株式会社大進堂

ISBN978-4-10-646801-8 C0395

価格は函に表示してあります。
乱丁・落丁本は、ご面倒ですが小社読者係宛お送りください。
送料小社負担にてお取替えいたします。